짹 버겁들내는
앞서가라

글/그림 **이 강 우**

살림

일선에서 한참 일을 할 때에는 단 하루만이라도 마음 편하게 쉬고 싶었다.

그러다가 막상 며칠 한가해지면 이 상태로 일이 아예 없어지는 것은 아닌지 불안해져서 마음이 편하지가 않았다. 미래를 예측하고 계획하기가 어려운 직업이었다. 그러니 늘 두려웠다. 그렇게 참 여러 해를 보냈다.

몇 년 전, 현업에서 손을 놓으면서 제일 먼저 생각했던 것은 이제부터는 마음 편하게 나만의 계획된 시간을 가질 수 있겠다는 기대감이었다.

그러나 막상 시간의 여유가 생기고 나니 그 여유 자체가 심리적으로 여간 부담이 되는 것이 아니었다. 늘 가슴 한 곳이 비어있는 것 같기도 하고 아무 이유도 없이 불안해져서 정서적으로 안정이 되지 않았다.

고기도 먹던 사람이 잘 먹는다더니 여유 시간을 보내는데도 나름대로의 요령과 훈련이 필요한 모양이었다.

한 동안 힘들게 보내다가 우연한 계기로 글을 쓰게 되었다.

글을 써 보니 시간도 잘 가고 무엇보다도 글 쓰는 순간이 행복했다. 그렇게 참참이 써 둔 글을 모아서 『대한민국 광고에는 신제품이 없다』라는 제목으로 출판을 했는데 의외로 주변의 많은 분들이 격려를 해 주어서 그 뒤로도 계속 글을 쓸 생각을 하게 되었다. 특히 두 번째 책을 준비하라고 틈나는 대로 은근히 압력을 넣었던 살림출판사의 강심호 팀장이 이 책을 쓰게 된 구체적인 동기가 되었다.

이번 책 역시 지난번과 마찬가지로 세상을 살아가면서 그 때 그 때 느꼈던 생각들과 광고에 관한 내 개인적인 견해들을 모은 글들이다.

거기에다가 조금 더 욕심을 내어 여행을 하거나 무료한 시간에 취미 삼아 그려 보았던 서투른 그림을 군데 군데 끼워 넣었다. 제대로 교육을 받거나 연습을 하지 않은 조잡한 그림이어서 부끄럽지만 그런 대로 사물을 보는 내 느낌의 또 다른 표현이라고 생각해서 용기를 냈다. 그림을 그려 보라고 적극적으로 권했을 뿐만 아니라 책 제목의 글씨를 쓰고 표지의 디자인까지 정성을 다해서 만들어 준 유종상에게 특별한 고마움을 느끼고 있다.

전체 글을 모아 놓고 읽어보니 내용 중에 많은 부분이 아쉬움과 후회로 가득 차 있는 것 같아서 민망했다. 지금 후회할 것을 나이가 젊었을 때 왜 미리 깨닫지 못했는지 안타깝지만 이제와서 세상을 다시 살 수도 없으니 어쩔 수가 없는 일이다.

그러나 한 가지 기대는 있다. 나이든 사람의 덧없는 후회가 어쩌면 젊은 사람들에게는 교훈이 될 수도 있겠다는 생각을 하고 있기 때문이다. 만약 그렇게만 된다면 나로서는 더 바랄 나위가 없다.

글이야 평소 시간이 날 때 참참이 쓴 것이라 어려울 것이 없었는데 막상 책의 제목을 붙이는데 시간이 많이 걸렸다. 글의 내용이 광고에만 국한된 것이 아니니 광고 책이라고 할 수도 없고 그렇다고 일반적인 수필집이라고 하기에는 광고에 관한 내용이 적지 않으니 책의 성격을 정하는데 애매했다.

고심하다가 평소에 내가 광고를 만들거나 세상을 살면서 늘 염두에 두었던 생각인 '반보주의'를 풀어서 '반 걸음만 앞서가라'로 했더니 살림출판사의 강심호 팀장이 제목에 힘이 없다고 '딱'자를 한자 더 붙여 '딱 반 걸음만 앞서가라'가 되었다. 제목만 보면 마치 세상을 사는 데 꼭 필요한 생활지침서 같은 느낌이 들어서 민망하지만 더 좋은 대안이 없어서 그대로 가기로 했다.

이번 책 역시 내 생활 주변의 이야기를 쓰다 보니 본인의 뜻과 관계없이 실명이 쓰인 분들이 적지가 않다. 일일이 존칭이나 직함을 붙이자니 오히려 딱딱한 느낌이 들어 이름만 쓴 경우가 대부분이다. 내 나름대로의 친근감의 표현이라고 생각하고 이해해 주시기를 바란다.

특히 바쁜 짬을 내서 과분한 칭찬을 해주신 카피라이터 이만재 씨께 감사를 드린다.

2007년 1월

이강우

차례

2장_ 새우잠을 자면서 고래 꿈을 꾼다

3장_ 여름에 피는 꽃은 보이지 않는다

1장

요즘 행복하세요?

요즘 행복하세요?

꽤 오랜만에 강정덕으로부터 전화를 받았다.

같은 직장에서 함께 일하다 헤어진 지 어느새 5년이 넘었다. 지금은 프리랜서 기획자로서 바쁘게 지내고 있다. 그간 서로가 무엇을 하고 있는지는 잘 알고 있었으나 통화를 할 기회가 별로 없었다.

"저, 강정덕입니다."

전화를 통해 들려오는 목소리는 여전히 씩씩했다. 그런데 첫마디부터가 느닷없었다.

"요즘 행복하시죠?"

"응, 그냥 그렇지 뭐."

대강 얼버무리고 넘어갔지만 통화가 끝난 후에도 그 첫마디가 계속 머리에 남았다. 무슨 이유로 내게 행복하냐고 물었을까?

혹시 누군가로부터 내가 불행해 보인다는 이야기를 들은 것은 아닐까? 아니면 좋았던 시절에 대한 미련을 떨쳐 버리지 못해서 의기소침해 있을 것이라고 지레 짐작했기 때문일까? 이도저도 아니라면 그저 별 생각 없이 인사치레로 한번 해 본 소리였을까?

한참 생각을 하다 보니까 지나가는 인사말 한마디에 신경을 쓰고 있는 내가 다소 우습다는 느낌이 들었다. 그럼에도 불구하고 한동안 '행복' 이라는 단어가 내 머릿속에서 떠나지 않았다.

"요즘 행복하시죠?"

그것은 어쩌면 내 스스로에게 묻고 싶던 질문이었는지도 모른다.

평소에 나는 특별히 행복하다는 느낌을 가지고 살지는 않았다. 그렇다고 특별히 불행하다고 생각해 본 적도 없었다. 행복이나 불행에 대한 특별한 느낌이 없이 그저 무심히 살아왔다고 할 수 있다.

어쩌면 그런 상황 자체가 행복하다는 이야기일지도 모른다. 행복이란 마치 공기와 같아서 그것을 가지고 있을 때에는 별로 느끼지 못하다가 막상 불행한 일이 생긴 뒤에야 아, 그것이 행복이었구나 하고 뒤늦게 깨닫게 되기 때문이다.

행복에 관해서는 많은 사람들이 거의 비슷한 이야기를 하고 있다.

행복이란 절대적이고 객관적인 가치가 아니기 때문에 사람들의 생각과 마음에 따라 달라진다고 한다. 똑같은 현상을 놓고 어떤 사람은 불행하다고 느끼는가 하면 어떤 사람은 행복하다고 생각한다.

그래서 반병 남은 술을 놓고 쓴 시바스 리갈의 광고가 재미있다.

"아직 반병이나 남았네." 손님의 생각이다.

"벌써 반병이나 마셨네." 주인의 생각이다.

똑같은 술 반병을 놓고 생각이 다른 것이다. 손님은 아직도 좋은 술이 반병이나 남아 있으니 행복하고 주인은 벌써 반병이나 마셔 버렸으니 아까운 것이다.

행복이란 것이 우리의 생각과 마음을 어떻게 가지느냐에 따라 결정된다는 것은 누구나 다 알고 있는 사실이다. 그러나 그 생각과 마음이 뜻대로 되지 않으니 답답한 것이다.

"요즘 행복하세요?"

그 질문에 답하기 위해서 나는 내가 행복하다고 생각할 이유가 과연 몇 가지나 되는가 찾아보았다.

우선 제일 먼저 떠오른 생각이 내가 살아 있다는 사실이었다.

살아 있다는 것이야말로 모든 행복의 근원이었다. 삶이 없다면 행복도 불행도 있을 수 없는 일이었다. 그 점에서 나는 일단 행복했다.

그러나 살아 있다고 해서 모두가 행복한 것은 아닐 것이다. 건강하지 못해서 차라리 죽음만도 못한 고통 속에서 사는 사람들도 적지 않기 때문이다.

내가 다니는 체육관 입구에 큼지막하게 써 놓은 현판이 있다.

"재물을 잃는 것은 조금 잃는 것이요, 명예를 잃는 것은 많이 잃는 것이며, 건강을 잃는 것은 모두를 잃는 것이다."

읽을 때마다 감탄을 했다. 하기야 천하의 부귀영화를 모두 가지고 있다고 한들 그것을 누릴 건강이 없다면 무슨 소용이 있겠는가. 생각해 보니 비교적 건강한 상태로 하루하루를 살아가고 있다는 것이 무엇과도 바꿀 수 없는 큰 행복이었다.

그 다음으로 생각한 것이 사람들이었다.

사람들 때문에 우리는 행복해지기도 하고 불행해지기도 한다.

몇 해 전 가까운 친구 하나가 불행한 일을 당한 적이 있다. 평소에 매우 건강하고 낙천적이던 그의 아내가 어느 날 대장암이라는 선고를 받은 지 2년 만에 유명을 달리했다. 병구완을 하던 기간은 물론이고 상배를 하고 나서도 한동안 그의 얼굴이 밝아 보인 적이 한번도 없었다.

그러던 그의 얼굴에 어느 날인가부터 빛이 나기 시작했다. 패션도 달라지고 걸음걸이에도 힘이 붙었다. 나이도 10년은 젊어 보였다. 제법 나이 차이가 나는 젊은 여자를 만나 진지하게 사귀기 시작한 다음부터 나타난 변화였다. 옆에서 보기에도 신기할 정도였다. 그의 앞에 사람이 하나 나타남으로써 그의 인생 전체가 달라진 것이었다.

요즘은 그를 만나기만 해도 즐거워진다. 그의 행복감이 그대로 내게까지 전해 오기 때문이다.

나는 폭넓은 인간관계를 가지며 살아온 편이 아니었다. 오히려 답답할 만큼 제한된 틀 속에서 살아왔다고 할 수 있다. 성격 자체가 내성적이어서 사람 사귀는 재주가 별로 없는데다가 어쩌다 알게 되더라도 상대하기가 좀 껄끄럽거나 불편하면 애써 깊이 알려고 하지 않았다. 특별한 관계가 아니라면 어느 정도의 거리를 유지하면서 사는

이집트 아스완.
한낮에는 유람선도 힘들어 보였다.

것이 속이 편했다. 그래서 가끔 냉정하다고 비난을 받기도 하지만 그
것 때문에 불행하다고 느껴 본 적은 없다.

특히 다행스러웠던 일은 가정적으로 크게 신경을 쓸 일이 없었다
는 점이다.

집사람과의 관계도 비교적 원만하고 아이들도 크게 속을 썩인 적
이 없었다. 그러니 주변에 있는 사람들 때문에 내가 불행하다고 생각
해 본 적이 별로 없었다. 오히려 그들이 내게 행복을 가져다 주었다.
이따금 술 한잔 하자고 연락하는 친구들이며, 일로써 만났지만 이제
는 친구가 되어 버린 광고업계의 여러 선후배들, 그리고 매일 만나는
직장의 동료들, 그 사람들 모두가 내게 행복을 가져다 주었다. 다만
그것이 일상적이다 보니 행복인지를 몰랐을 따름이다.

무엇이 행복인가를 찾으려고 하니 의외로 여러 가지가 눈에 띄었다.

잘 치지는 못해도 가끔 나가는 골프장의 푸른 잔디가 나를 행복하
게 했고 이따금 큰맘먹고 떠나는 여행도 행복했다. 아니 그렇게 멀리
나가지 않더라도 무료한 오후에 사무실에서 마시는 커피 한잔에도
행복이 있었고 일이 끝난 저녁 시간에 젊은 후배들과 함께 하는 생맥
주 잔에도 행복이 있었다.

젊은 때는 위를 보고 살고 나이가 들면 밑을 보고 살라는 말이 있
다. 젊은 나이에는 야망을 가져야 무엇인가 이루는 것이 있고, 나이
가 들면 얻을 수 없는 것에 대한 미련을 떨쳐 버리라는 이야기일 것
이다. 아무리 가진 것이 많다고 한들 스스로가 부족하다고 느끼면 무

슨 의미가 있겠는가.

그런 식으로 생각하니 주변의 모든 것이 행복이 아닌 것이 없었다.

그러나 무엇보다도 매일 아침 시간에 맞춰서 갈 곳이 있고 매일매일 해야 할 일거리가 있다는 것이 행복했다.

얼마 전, 오랜만에 동창회 사무실에 들른 일이 있다. 동기생들의 연락처 겸 손쉽게 모일 수 있는 공간을 마련하기 위해 십시일반으로 돈을 모아 10여 년 전에 개설한 사무실이다. 개설 초기에는 별로 모이지가 않더니 몇 년 전부터 조금씩 늘어나 요즘은 협소하다고 느낄 정도로 동창들이 많이 모인다. 이제 나이가 들어 한두 명씩 현업에서 은퇴를 한 사람들이 늘어났기 때문이다.

사무실에는 오랜만에 만나는 반가운 얼굴들이 있었다. 그러나 한 가지 이상한 일은 하나같이 현업에서 일할 때보다 몇 년씩은 더 늙어 보였다는 점이다. 아마도 일을 할 때의 긴장감이 사라지고 생활이 불규칙해지면서 나타난 현상일 것이다.

그 친구들의 얼굴을 보면서 일이란 반드시 먹고사는 것을 해결하기 위해서만 필요한 것은 아니라는 생각이 들었다. 아직도 내가 일을 할 수 있고 또 일을 할 곳이 있다는 것이야말로 무엇과도 바꿀 수 없는 행복이었다.

마침 리뷰를 할 일이 있으니 회의실로 오라는 전화가 왔다.

전화를 끊으며 나는 결론을 내렸다.

"그래, 이것 또한 행복이다."

선물

 요 며칠 유난히 길이 막힌다 싶어 생각해 보니 명절이 얼마 남지 않았다.

아무리 경기가 좋지 않고 먹고살기가 어렵다고는 해도 역시 명절은 명절이었다. 시내 곳곳이 숨이 막힐 정도로 답답했다. 특히 백화점 근처에만 가면 마치 주차장에 갇힌 것같이 꼼짝달싹할 수 없을 정도로 차가 밀렸다. 가까운 사람들이나 평소에 신세를 졌던 사람들에게 선물을 준비하는 사람들 때문일 것이다.

꼭 명절이 아니어도 누구에겐가 선물을 한다는 것은 참으로 흐뭇한 일이다. 그런데 그 선물을 고른다는 일이 보통 힘든 것이 아니다.

선물이란 모처럼 마음을 먹고 하는 일인데 이왕이면 상대의 마음에 들어야 보람이 있다. 또 상대에게 부담을 주지 않아야 한다. 그렇다고 너무 형식적인 것은 오히려 상대의 기분을 상하게 하는 경우도 있으니 요모조모 잘 따져서 결정을 해야 한다.

이따금 주변에서 선물을 잘못 주거나 잘못 받아서 낭패를 당하는 경우를 자주 본다. 선물이란 순수한 마음의 표현이어야지 다른 뜻이 섞이면 선물이라고 할 수가 없다. 그래서 신경이 쓰이는 것이다.

나 역시 자그마한 회사를 경영할 때에는 명절이 돌아올 때마다 평소에 신세를 진 사람들에게 무슨 선물을 해야 할지 여러 날 고민을 했다. 그냥 넘어가자니 야박한 것 같고 막상 선물을 하자니 무엇을 보내야 할지가 마땅치가 않았다. 차일피일 시간을 보내다가 나중에는 쫓기듯이 그저 무난한 식품세트나 백화점 상품권 등으로 때우곤 했다. 그러면서 꼭 후회를 했다. 이왕 하는 선물이니 받는 사람에게 좀 의미있는 것을 골랐으면 하는 아쉬움이 늘 남았기 때문이다. 그런 기분이 들 때마다 다음에는 미리미리 신경을 좀 쓰리라 다짐을 하지만 또 막상 닥치게 되면 똑같은 일이 반복되곤 했다.

지금은 명절 때에 누구에게 선물을 보내기보다는 가끔 선물을 받는 입장이다. 대개 과거에 함께 일하던 후배들이나 평소 잘 알고 지내는 몇몇 회사에서 보내 온 것들이다. 갈비나 과일 또는 젓갈류 같은 지방의 특산물들이나 포도주 같은 것들이다. 잘 아는 사람들이 특별한 이해관계가 없이 보내는 것이라 부담 없이 받고 있다.

그런 것을 받을 때마다 나는 고맙기가 이를 데 없지만 아내는 좀 입장이 다르다. 보내 준 성의는 고맙지만 가끔은 그 선물을 어떻게 처리해야 할지 고민이 생기기 때문이다. 비록 받는 선물이 많지는 않지만 워낙 둘이만 사는 살림이어서 갈비와 같이 부피가 좀 있고 오래 보관해 두어야 할 것은 냉동고가 좁아서 늘 문제가 생긴다. 그래서 보내 준 사람에게는 미안한 일이지만 주변 사람들에게 다시 선물을 하는 경우도 있고 아예 백화점에 장기간 보관해 두기도 한다.

이따금 넥타이나 골프 웨어 같은 것을 보내 주는 사람도 있지만 그것 역시 내 취향에 맞는 것이 쉽지 않아서 받아만 놓고 한번도 사용하지 않는 경우가 제법 있다. 그럴 때마다 보내 준 사람에게는 큰 죄를 짓는 것 같아 마음이 여간 불편한 것이 아니다. 아무튼 선물이란 하기도 어렵고 받기도 어려운 것이다.

그런데 어느 날 나는 이런 것이야말로 정말로 훌륭한 선물이구나라고 느낀 적이 있다.

그날도 무심코 유종상의 방에 들렀더니 벽면 한 쪽에 못 보던 그림 한 점이 걸려 있었다. 푸른색 배경에 강렬한 붉은색으로 그려진 작은 물고기 그림이었다. 2호 크기의 유화였는데 구성도 단순하고 터치도 간결했다.

얼핏 보면 거칠고 투박해 보이면서도 왠지 모르게 시선을 끄는 강렬한 느낌이 있어서 한동안 그림을 보고 있는데 그림 밑에 붙어 있는 짤막한 메모가 한 장 눈에 띄었다.

동경 출장 갔다가 예쁜 물고기들이 눈에 띄길래

한 마리 잡아 왔네.

이 물고기를 만든 니시가와란 사람은 원래 사진작가인데

오십에 그림을 시작해 물고기만 그린다고 하는데

그 내공이 예사롭지 않아 많은 생각을 하게 했네.

형편상, 너무 작은 놈을 잡아 와 미안하네.

2004, 뜨거운 여름날

김종원

김종원이라면 나도 잘 아는 광고영화 감독이다.

그의 광고들을 보면 언제나 따듯한 인간미가 있다. 그래서 그런지 그의 광고는 2, 3년 반짝하고 사라지는 유행에 별로 영향을 받지 않는다.

그런 스타일 때문에 그는 제법 나이가 들었음에도 불구하고 여느 젊은 감독보다도 일을 많이 하고 뛰어난 광고도 많이 만들고 있다. 광고영화 감독으로 직업적 수명이 누구보다도 길 것이라고 생각하고 있는 사람이다.

그가 동경에 출장을 갔던 길에 우연히 눈에 뜨인 물고기 그림을 보고 유종상을 생각했던 모양이었다. 그림도 그림이었거니와 그의 메모를 읽고 있는 동안 내 마음까지도 훈훈한 느낌이 들었다.

유종상의 취미는 물고기와 관련된 소품을 모으는 것이다. 그의 취미는 하도 유난스럽게 소문이 나서 주변 사람들치고 모르는 사람이 없다. 그래서 어디 여행을 간다든가 쇼핑을 하다가 간단한 물고기 소품을 보면 그냥 지나칠 수가 없다. 유종상의 얼굴이 떠오르기 때문이다.

물론 그에게 선물을 해야 할 특별한 이유가 있는 것은 아니다. 그저 선물을 받고 좋아하는 얼굴이 보고 싶기 때문이다. 별다른 부담 없이 마음이 내켜서 하는 선물이니 주는 사람이 더 즐겁고 행복해진다. 선물이란 그래야 한다. 값이 문제가 아니라 상대에 대한 순수한 마음이 담겨 있어야 한다.

요즘 젊은 사람들 사이에서는 혼수를 장만하면서 값비싼 다이아 반지를 사는 대신에 커플링을 하나씩 나눠 끼는 것이 유행이라고 한다. 그 대신 집을 산다든가 살림을 장만하는데 그 돈을 쓴다고 한다. 현명한 생각이 아닐 수 없다. 커플링이야 값으로 치면 하찮은 것이겠지만 그 안에 두 사람의 마음이 담겨 있으니 사랑 없는 물방울 다이아 반지보다 몇 배나 더 소중할 것이다.

내 생각에는 이 세상에서 가장 값진 선물은 뭐니뭐니해도 보내는 사람의 진실한 마음이 아닌가 싶다. 아무리 하찮은 물건이라도 그 안에 보낸 사람의 마음이 담겨 있으면 두고두고 잊을 수가 없는 것이다.

며칠 전에 아는 사람이 보낸 청첩장을 받았다. 별 감정 없이 청첩장을 펼쳐 드니 그 안에 만년필로 쓴 짤막한 메모가 있었다.

드디어 제 아들 장가보냅니다. 축하해 주십시오.

흔히 청첩장을 고지서라고 부른다.

평소에는 별로 왕래가 없다가도 청첩장은 용하게도 잘 찾아온다. 어떤 때는 잘 모르는 사람에게서 오는 청첩장도 있다. 설사 잘 아는 사람이 보낸 것이라고 해도 대부분 특별한 느낌이 없이 날짜만을 메모해 둔다.

그런데 그 짤막한 한마디는 참으로 위력이 있었다. 갑자기 그 결혼식에는 만사를 제쳐 놓고 꼭 가야만 할 것 같은 생각이 들었다. 그 짤막한 한마디 속에서 청첩장을 보내 준 사람의 마음이 느껴졌기 때문이었다. 기쁜 마음으로 스케줄 표에 큼지막하게 표시를 해 두었다.

마치 귀한 선물을 받은 것 같았다.

청첩장을 받으면서도 짤막한 메모 한 줄에 마음이 움직이는데 하물며 선물 속에 보낸 사람의 마음이 담겨 있으면 더 말할 나위가 없다.

그런데 선물에 마음을 담는다는 것이 쉽지가 않다. 평소에 마음을 주는 훈련이 되어 있지 않기 때문이다. 세상만사가 마음먹기에 달렸다고 하지만 사실은 이 세상에서 가장 뜻대로 안 되는 것이 자신의 마음이 아닌가 싶다.

내가 물고기 그림을 보고 감동을 한 것은 그 안에 보낸 사람의 마음이 그득 담겨 있기 때문이었다. 그 선물과 전혀 관계가 없는 나도 감동을 받았는데 하물며 당사자야 얼마나 고마웠겠는가.

대개 명절에 받는 선물은 아, 이 사람이 나를 잊지 않고 있구나 정도의 느낌으로 지나간다. 그러나 생각하지도 못한 때에 마음을 담아 보낸 선물은 그 선물의 물리적인 가치를 떠나 받는 사람의 마음을 움직인다.

내가 잘 아는 사람 중에 차상은이란 여자 카피라이터가 있다.

한동안 같은 사무실에서 근무를 한 적도 있고 지금도 가끔은 내가 쓴 글을 미리 보여 주고 의견을 듣는 사람이다. 그의 취미 중의 하나가 주사위를 모으는 것이다.

지난봄에 터키 여행을 하던 길이었다.

이스탄불의 재래식 시장에 들러 이것저것 구경을 하다가 우연히 주사위 형태로 만든 귀고리가 눈에 띄었다. 그 순간 문득 차상은이 생각이 나서 망설임 없이 하나 샀다. 옆에 있던 아내가 미심쩍은 눈빛으로 바라보기에 장황하게 이유를 설명하긴 했어도 마치 큰 보물을 발견한 것 같은 느낌이 들었다.

가격으로 치면 그야말로 커피 한 잔 값도 되지 않았다. 그런데 그 선물을 받는 차상은의 표정이 오히려 내가 감격을 할 정도였다. 지금도 그의 사무실에 가면 예쁘게 진열해 놓은 주사위들 틈에 그 귀고리가 놓여져 있어서 볼 때마다 내 기분까지 흐뭇해진다. 아마도 내가 누군가에게 한 선물 중에서 가장 그럴듯한 선물이 아니었을까 생각하고 있다.

우리말에 화수분이라는 것이 있다. 아무리 재물을 꺼내 써도 줄지

터키 안탈랴.
뒷골목 풍경이 우리와 흡사했다.

않는 궤짝을 일컫는 말이다. 흔히 아무 일을 하지 않아도 재산이 불어나는 사람들을 비아냥거릴 때 화수분을 끼고 산다고 한다.

그런데 사실은 사람이란 누구나 화수분을 하나씩 가지고 태어난다고 할 수 있다. 마음이라고 하는 화수분이다. 재물이야 돈을 모으는 재능이 특별하거나 복을 가지고 태어나는 사람이 따로 있지만 마음이야 누구에게나 있는 것이다. 게다가 재물이야 함부로 쓰면 줄어들지만 마음만은 아무리 써도 줄어드는 법이 없다. 오히려 쓰면 쓸수록 그 크기가 더욱 커진다. 그러니 화수분이라고 할 만하다. 다만 우리가 그것을 꺼내 쓰는 방법을 모르고 있기 때문에 그런 보물단지가 내 안에 있는 줄을 모르고 산다.

나 자신만 하더라도 평소에 마음속의 화수분으로부터 보물을 꺼내 쓰지 못하고 있다. 고기도 먹던 사람이 잘 먹고 돈도 써 본 사람이 잘 쓴다고 마음이란 것도 자주 써 보지 않으니 제대로 써지지 않는 모양이다.

아마도 우리가 마음을 자주 쓰지 못하는 이유는 마음을 쓰기 위해서는 특별한 절차나 비용이 든다고 생각하기 때문에 그럴 것이다. 그러나 사실은 마음을 쓴다는 것이야말로 마음먹기에 달린 것이라고 할 수 있다.

이따금 아랫사람에게 건네는 한마디의 격려나 윗분들에게 드리는 전화 한 통이 어느 선물보다도 값진 것이라는 것을 누구나 잘 알고 있다. 그런데 그 쉬운 일을 못하고 산다. 평소에 마음을 써 보지 않았기 때문이다.

오래 전에 내가 관여해서 만들었던 보일러 광고가 있다. 제품 이야기는 한마디도 없고 다만 마음을 담은 며느리의 목소리만이 귀에 남는 광고였다.

"여보, 아버님 댁에 보일러 놔 드려야겠어요."

선물이란 물건이 아니라 마음을 표현하는 일종의 형식이라고 할수 있다. 그런데 자칫하면 보내는 사람은 선물 속에 마음을 담지 못하고 받는 사람은 보낸 사람의 마음을 읽지 못하는 경우가 있으니 답답한 것이다. 그래서 이래저래 선물을 하기가 어려운 것이다.

문득 따로 살고 계시는 어머님이 생각이 나서 전화기를 꺼내 들었다.

"응 그래 별일 없냐?"

요즘 들어 부쩍 기력이 떨어지신 어머님의 목소리를 들으면서 전화하기를 참 잘했다는 생각이 들었다. 왠지 꽤 괜찮은 선물을 해 드린 느낌이 들었기 때문이다.

개는 사람을 버리지 않는다

 광고를 하는 사람들이 자주 쓰는 말 중에 3B라는 것이 있다. 광고의 모델로서 인기가 있는 미인(Beauty)과 어린이(Baby) 그리고 동물(Beast)의 영어 머리글자를 따온 것이다.

미인과 어린이야 옛날부터 자주 등장한 것이니 새삼스러울 것이 없지만 요즘 들어 부쩍 광고에서 자주 눈에 띄는 모델이 동물이다. 그중에서도 예쁘고 귀여운 애완견들이 광고에 자주 등장한다. 그런 현상은 최근 들어 애완견에 대한 관심이 높아지고 또 실제로 개를 기르는 사람들이 많아진 세태와도 무관하지 않을 것이다.

며칠 전에 공익광고와 관련된 모임에 갔더니 무슨 일이 있었는지 실무자들의 표정이 어두웠다. 궁금해서 물어봤더니 그 이유가 엉뚱했다.

"요새 나가는 공익광고에 공공장소에 애완동물을 데려오지 말라는 내용이 있는데 개 기르는 사람들이 엄청 항의들을 하네요."

그 광고는 나도 본 적이 있다.

"지하철에 쫙 벌려 앉지 말고 공공장소에 애완동물 데려오지 말고 담배는 재떨이에 휴지는 휴지통에……"

재미있는 노랫말과 유머러스한 영상이 잘 어울린 유쾌한 광고였다.

내용으로 보면 문제가 될 것이 전혀 없다. 그러나 개를 기르는 사람의 입장에서는 공공장소에 애완동물 데려오지 말라는 소리가 아무래도 편하게 들리지 않는 모양이다. 애견가들의 항의가 빗발쳐서 홈페이지가 마비될 정도라고 한다.

개를 많이 기르는 것에 대하여는 여러 가지 재미있는 해석들을 하고 있다. 요즘의 젊은 부부들이 애를 하나씩만 낳다 보니 집안도 적적하고 특히 외톨이 아이들의 정서발달에 도움이 되어서 개를 기른다고도 하고, 또 어떤 사람은 국민의 소득 수준이 높아져서 그렇다고도 한다. 또 자식들을 시집 장가 다 보낸 나이 든 부부들이 노년의 적적함을 달래기 위해 개를 기른다고 하는 사람도 있다. 그 밖에도 좋은 종자는 개값이 그야말로 금값이니까 새끼를 내어 돈을 벌 욕심으로 개를 기르는 사람도 있다.

여하튼 국민소득이 만 불 정도가 넘으면 포도주의 소비가 늘고 애완동물에 대한 관심이 늘어난다고 한다.

그래서인지 요즘에는 대낮에 시내 한복판에서도 개를 데리고 다니는 사람들을 쉽게 볼 수 있다. 심하면 백화점이나 식당 안까지도 개를 안고 들어오는 사람도 있다.

나 역시 개를 보통 이상으로 좋아하기는 하나 사람들이 많이 모이는 공공장소에 개를 데리고 다니는 것은 좀 생각해 볼 일이다. 개를 싫어하는 사람들도 있을 것이고 비위생적이라고 신경을 쓰는 사람도 있기 때문이다. 그런 점에서 개를 기르는 데도 지켜야 할 매너가 있다.

나도 요즘 부쩍 해 보고 싶은 일 중의 하나가 개를 기르는 것이다.

이런 내 마음을 가장 잘 아는 사람이 아내이다. 어쩌다 아내와 함께 길을 걷다가 예쁜 애완견을 보면 한동안 정신을 놓고 쳐다보거나 아니면 굳이 쫓아가 머리라도 한번 쓰다듬고 오기 때문이다.

벼르고 벼르다가 얼마 전에 넌지시 아내에게 운을 떼어 보았다.

"우리도 개를 기르면 어떨까?"

예상은 했지만 아내의 태도는 여전히 완강했다.

"안 돼요, 우리 형편에 어떻게 개를 키워요."

말은 그렇게 했지만 아내 역시 개를 기르고 싶은 표정이 역력했다.

사실 아내는 내가 좋아하는 것 이상으로 개를 좋아한다. 그럼에도 불구하고 우리가 개를 기르지 못하는 것은 아내 말대로 개를 기를 형편이 되지 못하기 때문이다.

애들이 성장해서 독립해서 나간 후, 우리 부부는 휑하니 넓은 아파트에 단 둘이 살고 있다. 그래서 최근에 더욱 개를 기르고 싶은 생각이 드는지도 모른다. 그러나 문제는 나는 나대로 늦을 일이 많고 아내는 아내대로 모임이 제법 있어서 우리 부부가 낮에 집을 자주 비운다는 사실이다.

아내는 평소에 텅 빈 집에 개를 혼자 두어서는 안 된다고 생각하고 있다. 아내의 주장대로라면 사람에게나 동물에게나 가장 가혹한 형벌은 외로움이라는 것이다. 하기야 교도소에서도 재소자에게 벌을 줄 일이 있으면 독방으로 보낸다고 하니 맞는 말이다. 그러니 우리가 개를 기르게 되면 아내가 바깥출입을 하지 않거나 아니면 개에게 감옥살이를 시켜야 할 것이다.

그 두 가지 모두가 아내는 싫은 것이다.

그러나 솔직히 이야기하면 그것은 핑계에 불과하다. 사실 우리 부부가 개를 좋아하면서도 선뜻 기를 용기를 내지 못하는 이유는 개에 관한 가슴 아픈 기억이 있기 때문이다.

아주 여러 해 전, 우리는 두 마리의 토이 푸들을 10여 년이 넘게 기른 적이 있다. 어느 날 아는 사람이 선물로 준 푸들 한 마리를 강아지 때부터 기르다가 1년이 지난 후에 제왕절개 수술 끝에 세 마리의 새끼를 얻었다. 건강한 두 마리는 남에게 주고 그중 약해 보이는 한 마리는 남 주기가 안쓰러워 어미와 함께 길렀다.

그후 10여 년 동안 두 마리의 푸들은 마치 늦게 본 딸과도 같은 기쁨을 우리 부부에게 안겨 주었다. 어쩌다 늦게 들어가는 날이면 식구들은 정신없이 자고 있어도 녀석들은 나란히 현관 앞에 턱을 고이고

체코 체스키 쿨름로프.
마을 전체가 동화와 같았다.

K. WOO

앉아 있다가 나를 반겨 주었고 잠자리에 들면 마치 애교 있는 어린 딸같이 팔 밑을 파고들어 함께 코를 골았다. 눈치가 멀쩡해서 아침에 출근을 하려면 쫓아 나오지 않다가도 아파트 주변에 산책이라도 나갈라치면 어느새 먼저 알아 앞장을 섰고 책을 읽을 때면 내 발등에 올라 앉아 빤히 눈을 마주쳐 주었다.

하는 짓 하나하나가 그렇게 귀여울 수가 없었다. 그렇게 몇 년을 지내다 보니 어느새 개들과 간단한 의사소통까지 가능하게 되었다.

그런데 이상한 것은 사람인 내가 개의 생각을 알아채는 것보다 개들이 오히려 나의 생각을 훨씬 더 많이 알아낸다는 점이었다. 처음에는 신기하기도 했지만 시간이 지나면서 나는 그런 현상이 상대에 대한 관심의 크기 때문이라는 것을 알게 되었다.

내가 보기엔 개에 대한 사람의 관심보다는 사람에 대한 개의 관심이 더욱 강하고 집중력이 있었다. 아무리 개를 사랑하는 사람이라고 해도 그 사람의 모든 관심이 개에게만 있을 수는 없는 일이다. 그러나 개는 그렇지 않다. 오로지 거의 모든 관심이 제 주인에게만 집중되어 있다. 고양이는 사람의 체온 때문에 안기고 개는 사람이 좋아서 품에 든다고 한다. 개를 길러 보니 그 말이 빈 말이 아니었다. 그리고 그 사랑이 어느 때나 변함이 없었다.

두 마리의 푸들은 자칫 삭막해지기 쉬운 나이 든 부부 사이에서 양념 구실을 톡톡히 해 주었다. 그야말로 개들과 함께 행복했던 세월이었다.

그렇게 10여 년이 흐른 후, 막내라고 부르던 한 마리가 시름시름

병원치레를 하더니 어느 날 문득 우리 곁을 떠나가 버렸다.

그날, 술 약속이 있어서 꽤 늦게 집에 들어갔더니 아내가 눈물범벅으로 거실에 앉아 있었다.

"막내가 가려는 모양이야."

아내 품으로부터 막내를 안아 들자 녀석은 흑요석처럼 빛나는 눈으로 나를 잠시 지그시 바라보았다. 그리고 눈을 감더니 그것이 마지막이었다. 나는 한동안 마치 내 심장이 식어 가는 느낌으로 녀석을 가슴에 안고 있었다.

아내는 두고두고 그때 이야기를 했다.

"막내가 당신 얼굴을 보고 가려고 힘들게 기다린 거야."

그날 이후 나는 근 한 달 동안을 남모르게 질질거리고 다녔다. 시도때도없이 막내의 마지막 눈빛이 생각나서 가슴이 아프고 저려 왔다. 어쩌다 막내의 이야기가 나오면 아내는 금세 눈이 붉어져서 눈물을 펑펑 쏟았다.

아주 오래 전에 배우 장미희 씨가 기르던 개가 죽자 며칠간 눈물바람을 한 뒤에 앞마당에 정성스럽게 개의 무덤을 만들어 주었다는 기사를 읽은 적이 있다. 그때는 내가 개를 기르기 전이라 좀 유난스럽다고 생각했었는데 막상 내가 당해 보니까 그 마음이 이해가 되었다.

그리고 1년 후, 남은 한 녀석도 우리 곁을 그렇게 떠나갔다.

그 이후로 아내와 나는 개에 관한 이야기를 한동안 입에 담지 않았다. 그리고 개를 기를 용기를 내지 못했다. 아내가 아직도 개를 기를 엄두를 못내는 것은 그때의 아픔이 너무 고통스러웠기 때문이다.

흔히 못된 사람을 가리켜 개만도 못하다고 이야기한다. 그러나 못된 사람뿐만 아니라 보통의 사람들도 개보다 못한 점이 한두 가지가 아니다. 특히 누군가를 사랑하는 방법에 있어서 개는 우리에게 늘 교훈을 주고 있다. 사람의 사랑이란 형편에 따라 바뀌기도 하지만 개는 사람의 사랑에 대해 배신하는 경우가 거의 없다고 한다.

몇 년 전 파지를 주워 살아가는 할머니와 함께 살고 있는 세 마리의 개에 관한 TV 프로그램을 본 적이 있다. '할머니의 보디가드' 라는 프로그램의 제목처럼 세 마리의 개들은 할머니의 곁에서 한시도 떠나지 않았다. 잘 먹이지도 못하고 잘 가꾸어 주지도 못하건만 세 마리의 개들은 여러 해 그렇게 살고 있다고 한다. 어느 자식의 효도가 저만하랴 싶을 정도였다. 클로즈 업 된 개들의 표정을 보니 편안한 환경과 비싼 먹을거리보다 할머니의 마음 속 사랑이 훨씬 더 소중하다는 것을 잘 알고 있는 듯했다.

사람들은 개들을 애완(愛玩)하기 위해 기른다. 애완이란 사랑하여 가까이 두고 다루며 즐긴다는 뜻이다. 자기 자신의 즐거움을 위해 개를 기르는 것이다. 그런 점에서 개들에 대한 사람들의 사랑은 다분히 이기적이라고 할 수 있다.

그러나 사람에 대한 개들의 사랑은 순수하고 무조건적이다. 개들의 사랑에는 의심도 없고 남과 비교하지도 않는다. 그리고 다른 것과 바꿀 생각도 하지 않는다.

애견 국가라고 소문난 프랑스에서도 휴가철이 되면 길거리에 버려지는 개가 부지기수라고 한다. 휴가의 즐거움을 위해서 개를 버리는 것이다. 한국에서도 요즘 기르다가 버리는 애완견이 많다고 한다. 싫증이 났다든가 병이라도 들어서 거추장스러우면 갖다 버리는 것이다. 앞으로는 아파트에서 개를 기르려면 이웃집의 동의를 받아야 한다고 하니 버려지는 개가 더욱 많아질 것이다. 어쩌면 그런 태도는 무신경하게 개고기를 먹는 행위보다 더 잔인한 짓이라고 할 수 있다. 배신의 아픔이 더하여지기 때문이다.

최근에는 애완동물이라는 말 대신에 반려(伴侶)동물이라고 부르는 사람들이 있다고 한다. 일생을 같이 하는 짝으로서 생각하자는 의미일 것이다. 이따금 언어가 우리의 생각을 고쳐 놓는 경우가 많기 때문에 개를 좋아하는 사람들에겐 꽤 괜찮은 발상이라고 할 수 있다. 그저 단순한 애완보다는 훨씬 정감이 있다.

언젠가 농담 삼아 아내에게 이런 말을 한 적이 있다.

"개가 한 15년은 산다고 하니 이제는 길러도 되지 않을까?"

우리 나이를 생각하고 한 말이었다. 나는 아내가 재수없는 얘기라고 타박할 줄 알았다. 그랬는데 대답이 엉뚱했다.

"그럼 남는 개들은 어쩌라구?"

오늘 아침에도 남이 버린 개들을 200마리나 키우는 어느 할머니의 이야기가 TV에 나왔다. 어려운 형편에 어떻게 저 많은 개들을 키우는가 걱정이 되었으나 정작 할머니의 얼굴은 환하기만 했다. 그분의 마지막 말이 가슴에 파고 들었다.

"사람은 개를 버려도 개는 사람을 버리지 않아요."

과로사 하는 백수가 행복하다

최근에 잘 아는 사람이 광고회사 사장으로 있다가 은퇴
를 했다.

이제 60을 갓 넘겼으니 빠른 것도 아니고 늦은 것도 아니다. 본인
도 적당한 나이에 은퇴를 했다고 행복해 했다.

퇴직 후 그가 제일 처음 한 일은 집에서 가까운 시내 변두리에 오
피스텔을 하나 얻어 사무실을 만든 것이다.

사무실이라고는 하나 일을 하기 위한 것은 아니다. 그의 표현에
의하면 노는 데도 품위가 있어야 하기 때문에 사무실을 마련했다고
한다. 은퇴를 했다고 갑자기 집에만 틀어박혀 있으면 자신도 힘이
들지만 주변의 가족도 적응하기가 어려울 것 같아 사무실을 얻었다
는 것이다.

혹시 시간이 있으면 들르라고 했지만 차일피일 미루다가 아직 가보지를 못했다. 언젠가 골프 모임이 있어서 만난 김에 퇴직 기념으로 저녁을 사겠다고 했더니 그는 수첩을 꺼내 한참 뒤적이면서 고개를 갸우뚱했다.

"글쎄, 이번 주는 꽉 차 있고 다음 주도 그런데, 천천히 하지 뭐. 서두를 거 없으니까 내가 저금해 둔 걸로 할게. 순서 기다리려면 한참 걸리겠는데."

그러면서 낄낄거렸다. 평소에 대인관계가 좋아서 그러리라고 예상은 했지만 아마 저녁 약속이 줄줄이 잡혀 있는 모양이었다.

"아따, 백수가 되게 바쁘네."

그랬더니 그가 하는 말이 걸작이었다.

"요새는 백수가 과로사 한다는 거 몰라?"

처음에는 그저 재미있는 농담으로 들었다. 그런데 이상하게도 그 말이 하루 종일 머리에서 떠나지 않았다.

백수가 과로사를 한다? 하긴 그럴 만도 하다. 직장을 그만두고 은퇴를 하게 되면 새로 해야 할 일이 제법 생긴다.

사실이 그런지는 몰라도 군 장성들이 예편을 하게 될 때는 사회생활을 하기 위한 적응 훈련을 한동안 받는다는 얘기를 들은 적이 있다. 경제적으로 상당히 여유가 있지 않으면 우선 직접 운전을 해야 한다. 은행에도 직접 가야 하고 하다못해 주민등록 등본을 한 장 떼더라도 직접 쫓아다녀야 한다. 군에 있을 때는 모두 남이 해 주던 일이다.

평소에 대인관계가 좋았던 사람이라면 한동안 만나자는 사람도 많다. 그러니 과로한다는 이야기가 농담만은 아니다. 일반 직장에서도 좀 높은 자리에 있다가 은퇴한 사람 역시 마찬가지일 것이다.

이따금 자주 보는 사람인데도 어느 날 갑자기 늙어 보이는 때가 있다. 신상에 큰 변화가 있어서 마음고생을 하면 며칠 사이에 나이가 팍 들어 보인다. 특히 그런 현상은 직장에서 바로 은퇴를 하고 난 남자들 사이에서 자주 발견된다. 일종의 은퇴증후군이라고 할 수 있다.

수십 년 전의 일이다. 평생을 대학교수로 지내시던 작은할아버지께서 느닷없이 내 직장으로 찾아오신 적이 있다. 집안 모임에서 간혹 뵙기는 하지만 내 직장까지 찾아오신 일은 처음이라 무슨 큰 일이 생겼나 싶어 가슴이 덜컥 내려앉았다.

"어쩐 일이세요?"

"응 그냥 지나가는 길에 점심이나 사 줄까 해서."

식당에 앉아서도 무슨 말씀을 하시려나 조마조마해서 밥이 제대로 넘어가지가 않았다. 그런데 정말 점심만을 사 주곤 가셨다.

등을 돌려 가시는 작은할아버지의 뒷모습을 보고 있자니 갑자기 몇 년은 더 늙으신 것 같은 느낌이 들었다. 얼마 전까지만 해도 다리에 힘이 있었고 어깨도 당당했다. 그랬던 분이 전혀 다른 사람처럼 온몸에서 힘이 빠져나가 있었다.

그렇다고 건강에 특별한 문제가 있어 보이지는 않았다. 굳이 이유를 찾자면 정년퇴직을 하신 지 6개월 정도 지나서 생활의 리듬이 달라졌기 때문일 것이다. 강의를 해야 한다는 정신적 긴장도, 정해진 시간에 맞추어 바삐 움직이던 육체적인 활동도 갑자기 사라져 버리자 일종의 무기력 상태에 빠지셨던 것이다.

사무실에 들어와서도 한동안 작은할아버지의 뒷모습이 눈에 밟혔다. 오죽하면 일부러 시내까지 나오셔서 점심을 사 줄 생각을 하셨을까 생각하니 그 외로움이 가슴에 찡하게 전해 왔다. 그러나 그런 느낌은 호수 위에 잠깐 떠올랐다 사라지는 파문 같은 것이었다. 나는 아직 젊었고 당장 눈앞에 할 일이 너무 많았다. 은퇴한 노인의 외로움은 나와는 거리가 멀었다. 내 인생에서 그런 날이 온다는 것 자체가 상상이 되지 않는 나이였다.

그 일이 불과 엊그제 같은데 이제 내가 그 나이가 되었다. 내 주변에도 은퇴를 한 사람들이 점점 늘어나고 있다. 그들을 보면 대개 두 가지 타입으로 나눌 수 있다.

하나는 모든 일에서 손을 떼고 집안에 칩거하는 유형이다. 어쩌다 그런 사람을 만나면 십중팔구는 갑자기 나이가 들어 보인다. 할 일이 없어졌다는 상실감에다가 만나는 사람도 드물어서 외로운 느낌도 들 것이다. 그러다 보면 무력증에 빠지고 신체의 긴장도 없어져서 온 몸이 늘어지기 쉽다. 사는 데 맥이 빠지니까 늙는 것은 당연하다.

또 다른 하나는 오히려 현업에 있을 때보다 더욱 바쁘게 사는 사람들이다. 광고회사 사장을 한 친구가 그런 타입이다. 사무실을 차려 놓고 이 사람 저 사람을 불러서 바둑을 둔다든가 하다못해 고스톱이라도 친다.

요즘에 그는 본격적으로 플루트를 배우기 시작했다고 한다. 음악학원뿐만 아니라 아예 차에 가지고 다니면서 시간만 나면 불고 있다고 한다. 하필 왜 플루트냐고 물었더니 그 나름대로 이유가 분명했다.

"다른 악기는 거추장스럽잖아. 게다가 피아노만 해도 주변에서 시끄럽다고 하는데 플루트는 아무리 불어도 괜찮아. 또 들고 다니기에도 편하고."

그러면서 한마디 덧붙였다.

"6개월만 기다려 봐. 내가 근사하게 연주해 줄 테니까."

충동적으로 시작한 것이 아니라 오래 전부터 계획을 해 두었던 모양이었다. 그 말을 듣는 순간 나도 정신이 번쩍 들었다. 나 역시 더 늦기 전에 은퇴 후에 해야 할 일을 지금부터라도 준비해야겠다는 생각이 들었기 때문이다.

꼭 대단한 일거리일 필요는 없다. 다만 정신적인 긴장과 육체적인 건강을 유지할 수 있는 것이면 족하다. 아니면 개인적으로 정말 하고 싶었으나 직장생활 하면서 미루어 두었던 일들을 시작해 보는 것도 의미가 있을 것이다.

영어로 여성들의 갱년기를 클라이맥터릭(climaxteric)이라고 한다. 혹시 절정을 의미하는 클라이맥스에서 유래가 되지 않았는가 싶은데 그 뜻이 위기의 시기라고 하는 것이 흥미롭다. 그 시기가 되면 여성들은 일반적으로 '빈둥지증후군'에 시달린다고 한다. 아이들은 자라

캄보디아 톤레삽 호수 수상가옥.
물에서 태어나 평생을 호수를 떠나지 않는 사람들이 있었다.

K. Woo

더 이상 어머니의 보호를 원하지 않고 남편들은 한창 왕성하게 사회 활동을 하는 나이이니 함께 시간을 보내 주지 않는다. 게다가 여성으로서의 기능이 끝난다는 초조감이 겹쳐 갑자기 이 세상에 외톨이 같은 생각이 들어 정신적으로 매우 불안정해지는 것이다.

실제로 이 시기를 매우 건강하게 극복하여 그야말로 인생의 절정으로 살아가는 사람이 있는가 하면 자칫 잘못되어 여러 가지 개인적으로나 가정적으로 문제를 일으키는 사람도 많다. 위기의 시기가 되는 것이다. 그런 점에서 남자의 은퇴란 것도 여자들의 갱년기와 다름이 없어 보인다.

언젠가 어느 술집에서 좀 이상한 손님을 본 적이 있다. 별로 늦은 시간이 아니었음에도 불구하고 그의 테이블에는 술병이 여러 병 비어 있었고 술시중을 드는 여자도 두엇이 있었다. 처음에는 일행이 많은 모양이로구나 생각했는데 한참 지나도 테이블에는 그 혼자뿐이었다. 간혹 그는 무대에 나와 노래를 부르곤 했는데 체구는 듬직했으나 건강이 별로 좋지 않은지 지팡이에 몸을 의지하고 있었다. 은근히 호기심이 생겨 종업원에게 물어보았다.

"자주 오시는 손님인가?"

"예, 일주일에 두 번쯤 들르세요."

"그런데 늘 혼자 와?"

"그렇네요, 혼자 오셔서 저렇게 노래 좀 하다가 가시곤 해요."

술집 사장이나 웨이터가 쩔쩔매는 것을 보니 그는 보통 귀한 손님이 아닌 듯했다. 하긴 그럴 것이다. 손님이 뜸한 초저녁에 와서 술을 여러 병 시키고 술시중 드는 여자들도 여럿 불러 후한 봉사료를 주는데 그 이상 좋은 손님은 없을 것이다.

그러나 내 눈에는 아무래도 좋아 보이지 않았다. 우선 외롭고 괴팍해 보였다. 오죽하면 저 나이에 혼자 다닐까 싶었기 때문이다. 아무리 경제적으로 여유가 있어도 주변에 가까운 술친구가 한 사람도 없다는 것은 슬픈 일이다. 역시 그 친구의 말이 옳았다. 노는 데도 방법이 있고 품위가 있어야 한다.

은퇴를 하고 난 사람들은 대개 몇 가지 특징적인 경향을 나타낸다.

첫째가 회상형이다. 자신이 은퇴를 했다는 사실을 의도적으로 부정하면서 과거의 영광 속에 갇혀 사는 사람들이다.

"내가 왕년에는 말야……"

그러나 왕년은 다시 오지 않는다. 아무리 지난날이 화려했어도 그것은 지나간 일일 뿐이다. 과거의 회상 속에 발을 딛고 있는 한 현실에 만족할 수가 없다. 매사 불만만 쌓이고 마음이 편할 날이 없다. 처음에는 갑자기 변한 환경에 적응하지 못하다가 슬슬 자기 자신에 대한 미움으로 발전한다. 그리고 마침내는 주변 사람들에 대한 적개심을 갖게 된다. 섭섭한 사람도 많아지고 심지어는 자식들까지 괘씸해진다. 당연히 주변으로부터 환영받지 못하고 점점 더 외로워진다. 모든 병은 마음에서 시작된다고 결국은 건강까지 해치게 된다.

두 번째가 현실형이다. 비교적 자신의 입장을 잘 이해하고 현실에 적응하려고 노력을 한다. 열심히 운동도 하고 여행도 하면서 자신에게 주어진 시간을 잘 활용하는 사람들이다. 내가 자주 만나는 친구가 있다. 늘 낙천적으로 사는 편인데 어느 날 문득 술자리에서 나를 놀라게 한 적이 있다.

"나, 얼마 전에 유서를 썼어."

무슨 소리인가 싶어 한동안 멍하니 바라보고만 있었는데 그가 뒤이어 한 말에 나는 전적으로 공감을 했다.

"우리 나이엔 언제 무슨 일이 생길지 모르잖아. 이젠 이것저것 정리를 해 둬야 할 것 같아서."

현실을 있는 그대로 받아들이고 차근차근 자기의 인생을 정리하는 것도 상당한 용기가 필요한 일이다.

또 이런 사람도 있었다. 그는 재정적으로 여유가 있는 편이 아니었는데 남들보다 조금 일찍 퇴직을 했다. 그렇다고 새로운 직장을 얻을 형편도 못 되었다. 몇 년 잊고 지내다가 우연히 만났는데 의외로 표정이 밝고 씩씩했다. 별 다른 수입도 없이 어떻게 사는가 싶어 궁금해 하는 내 마음을 알아차렸는지 묻지도 않은 이야기를 했다.

"회사 그만둔 다음에 집 팔고 뭐 팔고 하면 내 재산이 전부 얼마나 되는지 따져 보았더니 꽤 여러 해 먹고 살겠더라고요. 앞으로 한 20년 산다 치고 한 달에 쓸 돈을 딱 정해 놓았습니다. 애들에게도 얘기해 놓았죠. 내가 다 쓰고 죽을 거니까 기대하지 말라고."

어두운 기색이라고는 전혀 없길래 나도 은근히 농담을 건네 보았다.

"더 오래 살면 어쩌려고?"

"그거야 애들 운수지요. 교육 다 시켜 놨으니까 그 이상은 알아서 책임지겠죠."

다행히 그는 최근에 큰 수입은 아니지만 용돈이라도 얻어 쓸 자리가 생겨서 신나게 살고 있다. 그래서 그런지 그는 전혀 나이가 들어 보이지 않는다.

세 번째가 미래지향형이다. 이런 타입 역시 회상형과 마찬가지로 자신이 은퇴를 했다는 사실을 인정하지 않는다. 그러나 그 발상이 근본적으로 다르다. 은퇴를 했다는 것은 다만 어떤 특정한 일을 그만두었다는 것뿐이지 자신이 할 일이 없어졌다고 생각하지 않는 것이다. 나와 함께 20여 년이 넘게 동업을 했던 윤석태가 그런 유형이다. 그는 현업에서 왕성하게 활동을 하고 있을 때부터 입버릇처럼 해 온 이야기가 있다.

"두고 보라고. 언젠가 광고박물관을 꼭 만들 테니까."

그는 현업에서 은퇴한 바로 다음날부터 경주대학교와 손을 잡고 광고박물관을 만들기 위해 동분서주하더니 5년만에 훌륭한 박물관을 개관해서 주변 사람들을 깜짝 놀라게 만들었다. 학교에서 강의를 하랴 박물관을 관리하랴, 그에게는 하루가 너무 짧다. 그러니 늙을 시간이 없는 것이다.

꼭 그런 사회적인 일이 아니어도 좋을 것이다. 플루트를 배운다든가 그림을 그린다든가 아니면 평소에 가고 싶던 여행을 다니는 등 찾기만 한다면 해야 할 일은 무궁무진이다. 나이 탓하고 후회하는 것보다 지금부터라도 할 일이 무엇인가를 찾는 것이 훨씬 생산적인 인생이다.

요즘처럼 사고도 많고 병도 많은 세상에서 나이가 들어 은퇴를 한다는 것은 행복한 일이다. 그러나 더욱 행복한 일은 은퇴 후에도 계획을 갖는 일이다. 할 일이 있는 사람은 늙지 않는다고 한다. 통계적으로 늦게 자식을 둔 여인들이 장수를 한다고 한다. 아직 돌보아 주어야 할 아이가 있다는 생각이 본능적으로 오래 살도록 만들고 있기 때문이다.

영국 왕실병원에서도 중환자 57명을 관찰한 결과 부정적인 생각을 가진 사람은 10명 중에 8명이 1, 2년 사이에 사망을 했고 미래에 대한 희망을 가진 사람들은 10명 중에 8명이 10년 이상을 살았다고 한다.

스스로 생각하기에 나는 회상형은 아닌 것 같다. 특별히 과거에 집착할 만한 화려한 인생이 아니었기 때문이다. 그렇다고 미래지향형도 아니다. 앞으로 해야 할 일을 꼼꼼히 정해 놓고 준비를 해 본 적이 없기 때문이다. 나는 그저 별 생각 없이 하루하루 열심히 살아왔다고 할 수 있다.

그러나 백수가 과로사 한다는 이야기를 들은 다음부터 나도 무엇인가 미래에 할 일을 미리 준비해 두어야겠다는 생각을 갖게 되었다. 꼭 오래 살고 싶다는 욕심보다는 나이가 들어서도 무엇인가 할 일이 있다는 것이 얼마나 행복한 것인지를 새삼스럽게 깨달았기 때문이다.

나이가 들면 후회가 많아진다고 한다. 그러나 후회를 통해서 얻어지는 것은 아무 것도 없다. 차라리 그 시간에 지금부터라도 할 일을 찾는 것이 생산적인 인생이 될 것이다.

그래서 요즘은 내가 앞으로 무엇을 해야 할 것인지 열심히 생각하고 있다. 뒤늦은 꿈을 꾸는 것만으로도 시간이 너무 빠르게 지나간다. 젊은 날에 갖지 않았던 꿈을 이제 나이가 들어 새삼스럽게 갖겠다는 것이 좀 쑥스럽긴 해도 이왕이면 정신적으로나 육체적으로 건강하게 살고 싶다.

비록 과로사를 하는 일이 있어도 꿈을 꾸는 행복한 백수가 되고 싶다.

말이 생각을 바꾼다

내가 대학에서 강의를 하고 있는 과목 중에 영상광고 제작 실습이라는 것이 있다.

나는 이 과목을 근 10여 년째 계속하고 있다.

처음에는 'TV 광고 제작 실습'이란 것이었는데 5년 전부터인가 내가 TV 대신에 영상이란 말로 바꾸어 달라고 해서 과목의 이름이 '영상광고 제작 실습'이 되었다.

내가 과목 이름에서 TV를 빼 달라고 한 것은 나름대로의 이유가 있었기 때문이다. 과거에는 광고라고 하면 TV와 라디오, 신문, 잡지 등 소위 4대 매체를 중심으로 생각하는 것이 일반적이었다. 그래서 TV 광고라고 하면 영상을 이용한 광고로서 나름대로의 대표성을 가지고 있었다.

그러나 최근에는 영상을 이용한 새로운 미디어가 다양하게 개발되고 실용화됨에 따라 이제는 더 이상 TV 광고가 영상광고를 대표한다고 이야기할 수 없는 형편이 되었다. 그래서 생각 끝에 수업의 제목을 '영상광고 제작 실습'으로 바꾸어 달라고 한 것이다. 아무래도 과목 이름에 TV라는 말이 들어가면 학생들의 생각도 TV라는 제한된 화면 속에 갇혀 버릴 위험이 있다고 생각했기 때문이다.

언어라는 것은 우리들의 생각이나 느낌을 남에게 전달하기 위해서 사용하는 일종의 도구이다. 생각이 우선이고 그 생각에 따라 말을 선택한다. 그런데 살다 보면 무심하게 쓰는 말 한마디 때문에 우리의 생각이 바뀌는 경우가 있다. 언어가 오히려 새로운 생각을 만들어내는 것이다.

그렇기 때문에 대중의 생각이나 태도에 큰 영향을 끼치고 있는 신문이나 TV에서 쓰는 언어는 언제나 신중해야 한다. 잘못 쓰인 언어가 대중에게 잘못된 생각을 심어 주거나 불필요한 오해를 불러일으킬 우려가 있기 때문이다.

그럼에도 불구하고 TV의 뉴스를 보든가 신문을 볼 때 과연 저런 표현이 옳게 쓰는 것인지 의심이 들 때가 자주 있다.

오늘 아침에도 그랬다.

TV 뉴스를 보니 전국의 공무원 노조가 파업을 한다고 난리였다.

정부에서는 노조의 간부들을 업무방해죄로 입건을 하겠다고 으름장을 놓고 노조는 노조대로 파업을 결행한다고 벼르고 있다. 그리고 본격적인 파업에 돌입하기 전에 우선 며칠간 준법투쟁을 한다고 보도를 했다.

'준법투쟁'이란 말은 공무원 노조가 처음 쓰는 말은 아니다. 지하철 분규나 은행들이 파업을 할 때도 자주 들은 말이다.

준법(遵法)이란 법을 지킨다는 뜻이다. 그런데 준법이라는 말에 투쟁이라는 전투적인 말이 붙으면 그때부터 해석이 조금 헷갈리기 시작한다. 법을 지키기 위해서 투쟁을 하겠다는 것인지 투쟁을 하는데 법을 지키면서 하겠다는 것인지가 애매하기 때문이다.

물론 노조에서 말하는 준법투쟁이란 그들의 목적을 달성하기 위해서 투쟁을 하는데 법을 지켜 가면서 하겠다는 뜻일 것이다.

그래서 나는 준법투쟁이란 것을 파업을 하기 위해서는 사전에 거쳐야 할 몇 가지 절차가 있기 때문에 그 절차를 지키고 또 파업을 하더라도 법률적으로 보장되거나 제한된 테두리를 넘지 않겠다는 의미로 생각해 왔다. 그런데 알고 보니 그 준법투쟁의 내용이 내가 알고 있는 것과는 의미가 좀 달랐다.

공무원 노조가 의미하는 준법투쟁이란 점심시간에는 근무를 하지 않거나 퇴근시간에도 아무리 일이 많이 밀려 있어도 정해진 시간에 칼같이 퇴근을 하는 것 등이라고 한다. 소위 내규로 정해진 복무규정에 따라 근무를 하겠다는 것이다.

정해진 내규를 지키겠다는 것이야 전혀 문제가 될 것이 없는 주장이다. 그러나 문제는 평소에는 가만있다가 왜 하필이면 무슨 문제가 생겼을 때만 내규를 지킨다고 하는지 알 수가 없는 것이다.

　모든 조직에는 업무에 관한 내규라는 것이 있어서 그것을 기준으로 일상적인 일을 처리한다. 그러나 일을 하다 보면 일의 효율을 높이거나 상황에 따라 다소의 융통성이 생기게 된다. 그리고 그 과정 중에 정해 놓은 내규에서 벗어난 다소의 편법도 생기고 요령도 생겨난다. 좋은 뜻으로 보면 일을 잘하기 위한 것이다. 그러다가 무슨 문제가 생겨서 애초에 정한 원칙을 고집하게 되면 일을 처리하는 데 갑자기 불편해지기도 하고 능률이 오르지 않기도 하는 것이다.

　일반 기업체야 자기들 내부의 문제이기 때문에 국민 다수가 불편해지는 일은 없지만 공무원이나 지하철, 은행들과 같이 국민의 생활에 직접적으로 영향을 끼치는 분야에서는 그 파급 효과가 이만저만이 아니다. 그래서 국민의 불편을 담보로 흔히 공공 노조에서 일종의 투쟁 방법으로 쓰고들 있다.

　그러나 그런 경우를 두고 준법투쟁이라고 말하는 것에 대해서 나는 동의할 수가 없다.

　법이란 당연히 지키게 되어 있는 것이다. 그리고 내규란 일종의 약속이다. 그런데 무슨 분규가 있을 때만 법에 따르고 내규를 지킨다면 평소에는 전혀 지키지 않는다는 의미로 들린다.

　평소에 법을 지키고 내규대로 일을 하다가 문제가 생기거나 효율성이 떨어지면 그것 자체를 합리적으로 고치는 것이 올바른 태도이다. 법은 따로 있고 일은 별도의 요령으로 한다면 그런 법은 법으로

터키 카파토키아.
자연이란 예술가가 세월이란 기교로 만들어 놓은 조각 미술관 같았다.

서의 지켜야 할 가치를 인정받을 수 없는 것이다.

법이 문제가 있으면 당연히 바꿔야 한다. 법이란 지켜져야 의미가 있는 것이지 지켜지지 않는다면 그것은 더 이상 법이라고 할 수 없다. 만약 그럴 수가 없는 사정이 있다면 최소한 말만이라도 준법투쟁이라고 쓰지 말아야 할 것이다.

준법투쟁 말고도 들을 때마다 거북스러운 느낌을 주는 말 중의 하나가 '양심적 병역 거부'란 말이다. 종교적 신념 때문에 병역을 기피하는 사람들을 일컬어 하는 말인데 이 역시 들을 때마다 여간 불편한 것이 아니다.

이따금 TV 뉴스 같은 데서 양심적 병역 거부라는 말을 듣고 있으면 정상적으로 군대에 갔다 온 사람들은 마치 양심이 없어서 군대에 갔다 온 것 같은 느낌을 받는다. 애초에 누가 이런 말을 쓰기 시작했는지 확실히는 알 수 없지만 아마도 특정 종교단체가 자신들의 입장을 강조하기 위해서 쓰기 시작했을 것이다.

그러나 당사자들의 입장에서는 그렇게 말할 수 있지만 그런 내용을 다루는 신문이나 방송이 맹목적으로 그들의 주장을 그대로 받아 쓰는 것은 너무도 무신경한 일이다.

말이란 이상한 것이어서 처음에는 듣기에 거북하고 잘못 쓰였다고 생각하다가도 어느 정도 귀에 익숙해지면 그 다음부터는 별로 저항감이 없이 들려지게 마련이다. 그런데 문제는 그렇게 잘못 쓰인 언어가 귀에만 익숙해지는 것이 아니라 나중에는 생각마저도 그런 쪽으로 바뀌게 된다는 사실이다.

양심적 병역 거부라고 일컬어지는 병역 기피 행위는 특수한 종교를 가진 사람들의 특별한 태도이다. 보편적인 관점에서 보면 명백한 위법 행위임에도 불구하고 양심이란 단어가 붙음으로 해서 자칫하면 다른 사람에게까지 당연하고도 보편적인 행위로 인식되어질 위험이 있는 것이다. 특히 가치관이 제대로 성숙되지 않은 청소년들에게는 잘못 사용되어지는 언어가 잘못된 사고를 심어 줄 우려가 있기 때문에 더욱 신경을 써야 한다.

정확하게 이야기하면 '양심적 병역 거부'가 아니라 '종교적 신념에 의한 병역 거부'나 '개인적 신념에 따른 병역 거부'라고 해야 옳은 표현일 것이다.

노사 갈등은 있을 수 있는 사회 현상이고 종교적 신념은 개인의 가치관이기 때문에 남들이 강요할 수 없는 일이다. 그러나 그런 내용을 대중 매체가 전달할 때는 사회 전체에 끼치는 영향을 신중히 고려하지 않으면 안 될 것이다.

조금 다른 이야기이긴 해도 정치인들이 자주 쓰는 '국민의 뜻'이란 말도 그렇다. 아마도 정치인치고 국민의 뜻이란 말을 한두 번 써 보지 않은 사람은 없을 것이다. 그런데 그 '국민의 뜻'이란 표현 역시 아리송하기가 이를 데 없다.

국민이라면 이 나라의 국적을 가지고 있는 모든 사람을 의미한다. 그렇다면 '국민의 뜻'이란 말 그대로 온 국민의 생각이어야 한다. 백

번 양보하더라도 최소한 국민의 반 이상은 동의를 해야 '국민의 뜻'
이라고 할 수 있을 것이다. 그럼에도 불구하고 정치인들은 자신들의
일방적인 생각이나 일부 지지자들의 생각만을 가지고 '국민의 뜻'이
라고 주장을 한다. 나는 전혀 동의를 할 수 없는 것을 가지고 '국민의
뜻'이라고 우겨대는 것이다. 그때마다 나는 마치 이 나라의 국민이
아닌 것 같은 느낌이 든다. 정확히 말한다면 '내 생각에 동의하는 국
민의 뜻에 따라'라고 이야기해야 맞는 말이 될 것이다.

우리가 자주 쓰는 촌지라는 말도 그렇다.

촌지(寸志)의 본래 뜻은 자그마한 뜻을 나타내는 작은 선물이다.

옛날부터 우리나라에서는 자녀를 가르치는 훈장에게 떡을 해 보
낸다든가 새로운 과일이 나면 맛 좀 보라고 보내 주는 풍습이 있었다
고 한다. 자녀를 가르치는 선생에 대한 고마움의 표현이었다. 그야말
로 작은 뜻, 촌지였다.

그런데 그것이 언제부터인가 학교 선생에게 은밀히 전하는 금품
으로 둔갑을 했다. 게다가 단순히 마음을 전하는 것에서 끝나는 것이
아니라 구체적인 보상을 염두에 둔 행위가 되었다. 금품의 액수가 많
아지고 보상을 전제로 하면 그것은 고마운 뜻의 표현이 아니라 뇌물
이 된다. 내용적으로 명백한 뇌물임에도 불구하고 뇌물이라는 표현
을 쓰지 않고 촌지라는 말을 쓴다.

그러다 보니 죄의식 같은 것이 있을 수가 없다. 주는 학부형이나
받는 선생이나 일상적이고 있을 수 있는 일 정도로 생각한다. 당사자

들의 생각이 그러니 주변에서 아무리 문제가 심각하다고 강조를 해도 촌지의 관행이 없어지지 않는다. 만약 신문이나 방송에서 '촌지'라는 표현 대신에 '뇌물'이라는 표현을 쓴다면 아마도 주는 사람이나 받는 사람이나 느낌이 달라질 것이다. 최소한 나쁜 행위를 하고 있다는 죄의식 정도는 있을 것이기 때문이다.

그런 점에서 나는 요란하게 제도를 바꾸고 처벌을 강화하는 것보다 우리의 생각을 지배하는 말 한마디를 바꾸는 것이 훨씬 더 효과적일 때가 있다는 생각을 한다.

얼마 전, TV를 보니 유명한 정치인이 관련된 뇌물 사건을 놓고 검찰총장이 기자 회견을 하면서 '성역 없는 수사'를 하겠다고 유별나게 강조하는 것을 본 적이 있다. 하도 많이 듣던 이야기라 처음에는 무심코 들었는데 가만히 생각해 보니 저렇게 강조를 하는 것 자체가 평소에는 '성역'이란 게 있었기 때문이 아닌가 하는 의심이 들었다. 검찰이란 범죄 행위에 대해 늘 엄격하고 공정하게 수사를 하게 되어 있는 기관이다. 예외가 있을 수 없다. 물론 사정을 두지 않고 엄정하게 수사를 하겠다는 뜻을 그렇게 표현하고 있구나 이해를 하면서도 유난히 강조하는 것을 보니 평소에는 이것저것 사정을 두고 수사를 한다는 것으로 들려서 기분이 개운하지가 못했다.

말이란 편한 대로 내뱉는 것이 아니다. 생각의 표현이고 마음의 표현이다. 언어가 바뀌면 행동이 바뀌고 행동이 바뀌면 습관이 달라진다고 한다. 그리고 습관이 달라지면 성격이 바뀌게 되고 마침내는 바뀐 성격 때문에 운명이 달라진다고 한다.

그런 점에서 사회적인 영향력이 큰 보도매체라든가 유명한 정치인들은 말을 하는 데 특히 정확하고 품위가 있어야 한다.

그래서 그런지 동서고금을 막론하고 말에 대한 경구가 유난히 많다.

오죽하면 말을 경계하여 침묵은 금이라고까지 했겠는가.

나비효과

내가 처음으로 나비효과란 말을 들었을 때는 그저 재미 있는 말장난 정도로 생각했다. 아마존 밀림에 살고 있는 나비들의 날개 짓이 수만 킬로나 떨어진 미국에서 토네이도를 일으킬 수 있다는 발상이 아무래도 좀 황당하게 느껴졌기 때문이다.

그런데 얼마 전에 나비효과라는 것이 어떤 것인지를 절실하게 느낀 적이 있다.

그날도 평소처럼 오후 7시가 조금 넘어 퇴근을 하던 길이었다.

사무실에서 나와 영동대교 쪽으로 차를 돌리자마자 차들이 엄청나게 밀려 있었다. 아무리 퇴근시간이라고는 해도 그 정도로는 차가 밀린 일이 없었는데 마치 도로 전체가 거대한 주차장과도 같았다. 처음에는 사고가 있어서 일시적으로 밀리는 것이려니 했는데 그게 아니었다. 아예 차들이 움직이지를 않았다.

집으로 퇴근하는 길이라 다행이었지 중요한 약속이라도 있었다면 크게 낭패를 볼 뻔했다. 봉은사 네거리로부터 올림픽대로로 들어가는 입구까지 거의 한 시간이 걸렸다. 그날은 그렇게 무심하게 지나쳐버렸다.

그런데 다음날도 같은 코스로 들어섰다가 똑같은 일을 당했다. 아차 싶었지만 이미 때가 늦어 있었다. 순식간에 전후좌우로 차가 몰려들어서 꼼짝달싹할 수가 없었다. 속절없이 핸들만 붙잡고 앉아 있다가 우연히 라디오의 뉴스를 듣고서야 왜 그곳에서 차가 밀리는지 짐작이 갔다. 며칠 전에 강원도 해안 초소에서 경비병들이 총기를 탈취당한 사건이 있었기 때문에 한강을 건너는 모든 다리 위에서 며칠째 차량 검문을 하고 있는 모양이었다. 그날도 채 일 킬로도 못 되는 길을 빠져나가는 데 근 한 시간이 걸렸다.

다음날 새벽이었다. 일찍 잠이 깨어 거실에 나와 TV를 보고 있는데 지난밤에 영동대교 위에서 검문을 하던 군 사병이 음주를 한 무면허 운전자에 치여 사망을 했다는 뉴스가 나왔다. 제대가 한 달밖에 남지 않는데 사고를 당했다고 해서 뉴스를 들으면서도 참 안됐구나 싶었다.

그리고 무심히 지나쳤는데 오후에 잘 아는 후배에게서 전화가 왔다.

"아침에 뉴스 보셨어요?"

"무슨 뉴스?"

"영동대교에서 검문하던 군인이 죽은 뉴스요."

"응 봤는데, 왜?"

"아니 글쎄, 그 군인이 임인규 감독의 아들이래요."

가슴이 덜컥 내려앉았다.

그는 나와 한 직장에서 근 10년을 함께 일하다가 여러 해 전에 독립을 해서 일도 잘하고 회사도 제법 큰 규모로 키워 놓은 사람이다. 지금도 자주 연락을 하고 이따금 골프도 같이 치는 사이이다. 며칠 전에도 함께 위원으로 있는 공익광고 모임에서 만나서 이런 얘기를 했었다.

"휴가 안 가?"

"며칠 있으면 둘째가 제대 말년 휴가를 나오는데 같이 가자고 해서 기다리고 있어요."

"좋은 데 다녀오라고! 아마 앞으로는 같이 갈 기회가 없을 거야."

그랬는데 그 아이가 사고를 당했다니 믿을 수가 없는 일이었다.

내 깐에는 자식도 머리가 커지면 부모와 함께 여행 같은 것을 하지 않는다는 뜻으로 농담을 한 것인데 그 말이 사실이 되고 말았다.

살다 보면 상가(喪家)에 가는 일이 적지 않게 있다. 어느 상가라고 가벼운 기분으로 가는 일은 없지만 그중에서도 가장 힘든 문상이 자식들이 잘못된 경우이다. 흔히 부모는 산에 묻고 자식은 가슴에 묻는다고 한다. 그만큼 자식을 잃은 슬픔이 크기 때문이다. 오죽하면 이 세상에서 가장 큰 불효가 부모 먼저 세상을 떠나는 것이라고 하겠는

가. 당하는 사람이야 말할 나위가 없고 문상을 가는 사람까지도 참으로 난감한 일이 아닐 수 없다.

혼이 나간다는 말이 있다. 죽은 아들의 영정 사진을 바라보고 있는 그의 얼굴이 그랬다. 아직 무슨 일이 일어났는지 깨닫지 못하고 있는 듯 멍하니 허공만 바라보고 있었다.

당연한 일이었다. 불과 몇 시간 전까지만 해도 멀쩡하게 살아 있던 아들의 죽음이 도저히 받아들여지지 않는 것이 당연했다. 무어라고 위로할 말을 찾지 못해서 눈물부터 흐르는 내 얼굴을 보고서야 그 역시 참고 있던 슬픔이 터져 나온 듯 우리는 두 손을 마주 잡고 한참을 울기만 했다.

비록 계획한 것은 아니었지만 그것은 명백한 살인이었다.

음주를 한 상태에서 검문을 피해 달아나다가 도로 위에 서 있던 그 아이를 향해 차가 돌진한 것이다. 나중에 들으니 가해자는 음주운전의 전과가 있어서 면허가 취소된 상태였다고 한다.

더욱 안타까웠던 것은 사고가 난 시간이 그 아이의 근무시간이 아니었다는 것이다. 흔한 농담이지만 제대 말년의 병장은 참모총장보다도 더 높다고들 한다. 길거리에 서서 검문 같은 일에 동원될 군번이 아닌 것이다. 그런데 그 아이는 며칠째 계속되는 근무에 후임병들이 피곤해 하니까 밤늦은 시간에 자진해서 대신 근무를 했다고 한다.

후임들이 힘들어하는 것을 모른 체했으면 일어나지 않을 사고였다. 또 설사 대리 근무를 했더라도 초저녁이었다면 그런 사고가 일어나지 않았을 것이었다. 차가 밀려서 과속을 할 수가 없었을 것이기 때문이다. 그러니 더욱 가슴이 아팠다.

그때, 내 머릿속으로 느닷없이 떠오른 생각이 나비효과란 말이었다.

강원도에서 총기 탈취 사건이 일어났다는 뉴스를 들을 때만 해도 그 사건이 내게까지 영향을 끼칠 것이라고는 꿈에도 생각하지 못했다. 이따금 도로에서 차량 검문을 하는 것을 보면서 저래서 범인이 잡힐까 정도로만 생각을 했었는데 이번만은 달랐다. 나와는 상관이 없다고 생각했던 총기 탈취 사건이 내 가까운 사람에게 평생의 한을 심어 놓고 내게까지도 적지 않은 충격을 주었기 때문이다.

성장한 뒤에는 별로 만날 일이 없었지만 어렸을 때만 해도 함께 놀러 간 적도 있고 그의 집에 가서도 여러 차례 보았던 일이 있는 아이였다. 가끔 아들 자랑을 하는 그를 통해서 못 보는 동안 잘 자랐구나 싶었는데 그야말로 청천벽력과 같은 일이었다. 언제 찍은 것인지는 모르지만 환하게 웃고 있는 영정 사진이 더욱 가슴을 아프게 했다.

나는 결국 아무 말도 할 수가 없었다. 이 세상의 어떤 말로도 불시에 자식을 잃은 부모를 위로할 수는 없을 것이었다. 그저 이 모든 일이 꿈이었으면 하는 생각밖에는 없었다. 그렇게 사흘이 지났고 동료 부대원들의 애틋한 눈물 속에 그 아이는 부모 곁을 떠나갔다.

그리고 한 달쯤 지난 후였다. 윤석태로부터 전화가 왔다.

"이번 주말쯤에 임인규 부부와 저녁이나 했으면 하는데."

"우리 만나서 저녁 먹을 기분이 나겠어요?"

캄보디아 앙코르와트.
햇빛 방향에 따라 사원의 빛깔이 자주 바뀌었다.

"그렇다고 모른 척할 수는 없잖아. 내가 전화를 해서 약속을 했어."

참으로 난감한 만남이었다. 호텔 로비에서 저만치 다가오는 그들 부부를 보면서 우리는 서로 억지로 미소를 띠었지만 가슴속으로는 견디기 어려운 통증을 참아야 했다. 겨우 한 달 정도가 지났음에도 불구하고 그들 부부의 얼굴은 몰라보게 야위어 있었다.

"그동안 몸이 많이 상했네."

무언가 한마디 해야 할 것 같아 입을 열었으면서도 참으로 허망한 소리라는 느낌을 지울 수가 없었다.

"그동안 한 5킬로 정도 줄었나 봐요."

아마도 가해자에게는 어느 정도 시간이 지나면 그날의 사고는 불행한 기억 정도로 남을 것이다. 그러나 자식을 잃은 부모에게는 그들이 살아 있는 한 영원히 끝나지 않을 고통으로 계속 남아 있을 것이었다.

피차 할 이야기가 마땅치가 않았다. 어설픈 위로의 말이 오히려 참고 있는 고통의 상처를 덧나게 할 것이 분명했다. 싸운 사람들처럼 우리는 말없이 음식 접시만 뒤적거리고 있었다.

그러다가 문득, 나는 지금까지 살아오는 동안 혹시 남에게 본의 아닌 고통을 준 일이 없었는지를 생각해 보았다. 물론 그런 끔찍한 실수를 한 기억은 없다. 그러나 나 자신도 의식하지 못하는 사이에 남에게 어떤 형태로든 상처를 한 번도 주지 않고 살았다고 장담할 수는 없었다.

이따금 아내에게서 이런 이야기를 듣는 때가 있다.

"지금 와서 얘기지만 그때 말이야, 당신 참 섭섭하더라고."

무슨 이야기인가 해서 자세히 물어보면 나 자신은 까맣게 잊고 있던 말 한마디나 무심한 행동 하나가 두고두고 집사람의 마음속에 깊은 상처로 남아 있던 경우가 종종 있었다. 집사람에게조차 그러니 남에게 전혀 그런 일이 없었다고 말할 수는 없을 것이다.

칼 융(Karl Yung)은 우리 행동의 90%는 무의식이 지배하고 의식은 다만 10% 정도만이 작용한다고 했다고 한다. 그 무의식이 문제인 것이다. 나도 모르게 저지르는 무의식적인 행동이 경우에 따라서는 남에게 돌이킬 수 없는 상처를 줄 수 있는 가능성이 얼마든지 있는 것이다.

사고를 낸 그 운전자도 의식적으로 남을 해치려는 생각은 하지 않았을 것이다. 그러나 음주의 상태에서 검문을 당하게 되자 그의 무의식적인 반사 작용이 그런 끔찍한 일을 저지르게 만든 것이다.

저녁을 다 먹고 디저트가 나왔을 무렵 임인규 감독은 우리에게 단정하게 만든 책을 한 권씩 건네주었다.

표지에 그 아이가 직접 그린 본인의 일러스트가 환하게 웃고 있었다.

"사실은 내일이 이 녀석 생일이에요. 그런데 가만히 생각해 보니 애한테 해 준 것이 아무 것도 없더라구요. 그래서 얼마 전에 애 친구들을 불러서 저녁을 한번 했어요. 그러면서 섭섭해서 이런 거 하나 만들었어요."

펼쳐 보니 어렸을 때부터 대학생이 될 때까지의 사진들과 군대에서 보냈던 편지, 친구와 후배들의 글과 그 아이가 전공을 했던 디자인 작품들이 가지런히 정리되어 있었다. 말없이 책장을 뒤적이는데 이런 글이 눈에 띄었다.

　　나는 너에게 해 준 것이 아무 것도 없는데 너는 떠나면서도 너무 많은 것을 주고 또 깨닫게 해 줘서 너무 고마워.

그러고 보니 생각나는 일이 있었다.

그 사고가 있었던 며칠 후에 어느 TV 프로그램에서 그 아이의 죽음에 관한 내용을 방송한 적이 있었다. 그때, 함께 근무를 했던 어느 후임병의 인터뷰가 인상적이었다.

"임 병장님을 통해서 저는 남에게 베풀며 산다는 것이 무엇인지를 배웠습니다. 저도 그렇게 살도록 노력하겠습니다."

또 다른 동료 병사는 이렇게 말했다.

"임 병장이 주고 간 것이 너무 많은데 이제는 갚을 길이 없네요."

말로만 하는 이야기가 아니었다. 눈물이 그득한 눈빛과 표정을 보니 그 아이를 진심으로 가슴 깊이 담아 둔 것이 분명했다.

나비는 특별한 의도가 있어서 날개 짓을 하는 것이 아니다. 그저 일상적인 행동일 따름이다. 그럼에도 불구하고 그 날개 짓이 큰 회오리바람을 일으킨다.

운전을 하다 보면 이따금 가벼운 접촉 사고임에도 불구하고 도로를 막아 놓은 채 시시비비를 따지는 사람들을 본다. 도로에 차가 막히건 남들이 불편해 하건 안중에 없다. 그저 자기들 생각만 한다. 그런 행동이 자신들의 가벼운 사고보다 더 엄청난 피해를 남들에게 주고 있다는 사실을 전혀 생각하지 않는 것이다.

우선 그 많은 차들이 기다리는 동안 소모하는 연료의 양이 엄청날 것이다. 따지고 보면 요즘처럼 기름값이 비싼 세상에서 보통 억울한 일이 아닐 수 없다. 그뿐만이 아니다. 차가 막히는 바람에 경각을 다투는 응급환자가 제때에 병원에 도착하지 못해 잘못되는 경우도 있을 것이며 중요한 계약을 하기 위해 서둘러 공항을 가던 사람이 비행기를 놓칠 수도 있다. 어쩌면 면접시간에 지각을 해서 취직이 안 될 수도 있다. 본인들은 대수롭지 않게 생각하지만 당하는 사람에게는 치명적일 수가 있는 것이다.

생각해 볼수록 내가 무심코 내뱉는 말 한마디, 행동 하나가 내 인생뿐 아니라 남의 인생에도 끊임없이 영향을 줄 가능성은 얼마든지 있었다.

강원도에서 일어난 총기 탈취 사건 하나가 한 젊은이의 인생을 앗아 갔을 뿐 아니라 그 부모에게는 돌이킬 수 없는 고통을 주었다. 그리고 내게까지도 세상을 사는 태도에 대해서 깊은 생각을 하게 만들었다.

아마존 밀림의 나비만이 폭풍을 일으키는 것이 아니었다.

나 역시 나비가 될 가능성이 얼마든지 있었다.

나 때문에 누군가의 인생이 얼마든지 바뀔 수도 있었다.

그렇게 생각하니 새삼스럽게 세상을 산다는 것이 참으로 무섭다는 느낌이 들었다.

만삭의 지갑

 문득 바지 뒷주머니가 축 처지는 느낌이 들어 지갑
을 꺼냈더니 마치 만삭의 배처럼 한가운데가 팽팽
하게 부풀어 있었다.

펼쳐 보니 며칠 동안 받은 명함이 꽤 여러 장 되었다. 주섬주섬 명
함들을 꺼내 놓다가 내친 김에 책상 한쪽에 따로 모아 두었던 명함들
을 정리하기로 마음먹었다. 연말이 가까워지는데 혹시 연하장을 보
내야 하거나 해가 바뀌기 전에 잊지 말고 전화라도 해야 할 사람이
있지 않을까 해서였다.

별로 바쁘지 않은 생활이라 새로운 사람들을 만난 것 같지 않은데
도 막상 정리하려고 하니 그 양이 제법 되었다.

이따금 지갑이 두툼해져서 살펴보면 처음 만났거나 또는 직장을

옮긴 사람들로부터 받은 명함이 제법 여러 장씩 된다. 그것들을 꺼내면서 어쩐지 허전한 느낌이 들 때가 있다. 갑자기 얇아지는 지갑을 보며 명함 대신 이만큼 돈이 들어 있었으면 하는 실없는 생각을 하기 때문이다.

그런데 얼마 전에 그 명함들이야말로 돈보다 훨씬 더 값진 것이라는 것을 깨닫게 된 적이 있다.

그날은 평소보다 조금 늦게 출근을 하는 길이었다.

느닷없이 조봉구로부터 전화가 왔다. 차 속의 음악도 조금 크게 틀어 놓고 있었고 또 그가 전화할 것이라고는 전혀 예상하지 못했던 일이라 처음에는 목소리를 알아채지 못했다.

"누구시라고요?"

"아, 조봉구라니까."

그와는 알고 지낸 지가 거의 30년이 되었으니 가벼운 인연이라고 할 수는 없다. 그러나 서로 바쁘게 살다 보니 자주 연락을 하지 못한 지가 꽤 오래 되었다.

그는 여러 해 동안 한국의 대표적인 광고회사의 중역으로 있다가 최근에 어느 식품회사 계열의 광고회사 사장으로 자리를 옮겼다.

그의 느닷없는 전화를 받으면서 가슴 한 구석이 뜨끔했다. 내가 미리 전화를 걸어 취임 축하 덕담도 하고 저녁이라도 한번 사야 했는데 차일피일 게으름을 피우다 때를 놓치고 말았기 때문이다.

"아이고, 오랜만이네. 내가 먼저 전화를 했어야 하는데 밤낮 이렇게 한 수 늦는다니까."

"피차 마찬가지지 뭐. 그래서 저녁이나 한번 할까 하는데 언제가 좋을까?"

그렇게 약속을 한 며칠 뒤에 우리는 강남의 조용한 일식집에서 만났다.

광고 하는 사람들의 만남이란 늘 같은 이야기로 시작된다.

그날도 마찬가지였다. 자리에 앉자마자 광고 이야기로부터 시작해서 저녁이 끝나 갈 무렵까지 우리는 같은 이야기를 계속했다. 열악한 광고 환경에 대해서 비분강개하기도 했고 이해할 수 없는 요즘 광고에 대해서 걱정을 하기도 했다.

그러다 겨우 우리들의 화제가 바뀐 것은 디저트가 나올 무렵이었다. 담배를 피워 물며 그가 불쑥 한마디했다.

"이건 이인호 씨한테 들은 이야기인데."

이인호라면 나도 잘 아는 사람이다. 그는 이름만 대면 누구나 알 만한 대그룹의 광고회사 회장이다. 품성이 너그럽고 성격이 소탈해서 평소에 대인 관계가 좋기로 소문이 난 사람이다. 나와는 대학의 동문이기도 해서 각별한 느낌으로 지내 온 사이이다.

"이인호 씨가 무슨 얘길 했는데?"

내가 관심을 갖고 물어보자 그는 느닷없이 질문부터 했다.

"이제까지 남에게서 받은 명함이 얼마나 될 것 같아?"

"명함?"

구체적으로 생각을 해 본 적이 없어서 얼핏 가늠이 가지 않았다.

요즘 들어 나는 사람들을 만나는 일이 별로 많지가 않다. 그럼에도 불구하고 50장들이 명함 한 박스가 두 달이 채 못 간다. 얼추 계산해 보면 1년에 3백 장 정도의 명함을 쓰는 셈이다. 10년이면 3천 장이고 30년만 사회생활을 했다고 쳐도 만 장 가까이 된다. 그다지 많은 사람들을 만나지 않는 나도 그런데 한창 왕성하게 활동을 하는 사람이나 특별히 사람을 많이 만나야 하는 직업을 가진 사람이라면 한 달에 쓰는 명함이 적지 않을 것이다. 아마 평생 동안 수만 장이 필요할 것이다.

"글쎄, 수천, 수만, 아무튼 꽤 될 것 같은데?"

"그럼 그중에서 한 번 이상 만난 사람이 얼마나 될 것 같아?"

그 말을 듣는 순간 나는 잠시 머리가 멍했다. 이제까지 살아오면서 어쩌다 몇 달에 한번씩 명함을 정리하다 보면 상당수가 기억을 할 수 없는 사람들이 많았다. 설사 기억을 한다 해도 한 번 이상 만난 사람이 거의 없었다. 그저 우연히 만나 의례적으로 명함을 교환하고 그것으로 끝이었다. 그리고 그런 것이 당연한 것이라고 생각해 왔다. 그런데 막상 단도직입적으로 질문을 받고 나니 아차 싶은 것이 마치 기습적으로 뒤통수를 맞은 느낌이 들었다.

대답을 못하고 머뭇거리는 내게 조봉구는 이런 요지의 이야기를 해 주었다.

만약 명함을 받은 사람들 중에서 한두 달 뒤에 50% 정도만이라도 정확히 기억할 수 있는 사람이라면 일단은 사회성이 상당히 있는 사

베트남 할롱베이.
항공사 광고 때문에 가 보고 싶었던 곳이다.

람이라고 할 수 있다. 그런 사람이라면 의례적으로 명함을 주고받는 것이 아니라 만난 사람에 대한 적극적인 관심이 있기 때문이다.

그리고 그 50%의 사람 중에서 50%만에게 1년에 한 번이라도 연하장을 보낼 수 있다면 그 사람은 남들보다 폭넓은 사회생활을 할 가능성이 있는 사람이다. 그 한 장의 연하장이 어쩌면 다시는 만날 일이 없는 사람과의 인연을 유지시키는 끈이 될 수 있기 때문이다.

그리고 연하장을 보낸 25%의 사람 중에서 다시 50%의 사람과 1년에 한 번이라도 전화 통화를 했다면 그 사람은 남들보다 사회적 기회를 많이 가질 수 있는 확률이 높아질 수 있다. 그 한 번의 통화가 계기가 되어 인간적으로 가까워질 수 있는 가능성이 생기고 흔히 말하는 대로 발이 넓어지기 때문이다. 전체로 보아 명함을 받은 사람 중에서 13% 정도가 된다.

그런 13% 사람들 중에서 또 50%의 사람과 한 번이라도 직접 만난다면 그 사람은 어디에 가서 무엇을 하든 잘할 수 있는 가능성이 상당히 높아진다고 할 수 있다. 다양한 분야의 사람들을 만나게 되고 그 과정 속에서 세상을 살아가는 데 필요한 구체적인 정보를 많이 얻게 되기 때문이다. 전체로 보면 6%가 조금 넘는 정도이다.

그리고 그 6%의 사람 중에서 또 50% 정도의 사람들과 점심이라도 한 번 한다면 그 사람은 남들에 비해 특별한 능력을 가진 사람이 될 수 있을 것이다. 이미 그 단계가 되면 단순히 알고 지내는 것이 아니라 서로가 관심을 갖게 되는 가까운 사이로 발전이 되어 사회

활동의 영역이 넓어지기 때문이다. 전체로 보아 약 3% 정도이다. 그것만 해도 대단한 재산이다. 명함을 받은 사람이 만 명이라고 쳐도 3백 명이나 된다.

그런데 그 3%의 사람 중에서 또 50%의 사람과 간혹 술이라도 한 잔 하는 관계로 발전하면 그때는 단순히 알고 지내는 것이 아니라 세상을 함께 살아가는 친구가 될 수 있다.

친구란 특별한 인간관계이다. 개인적인 감정을 갖게 되고 서로 어려운 일이 있으면 적극적으로 도와주고 힘이 되어 주는 관계이다. 세상을 사는 데 확실한 원군의 역할을 해 주는 것이다. 그 숫자가 약 백오십 명쯤 된다.

그렇게 나이가 먹어 50쯤 되었을 때, 어려운 일을 함께 걱정해 주는 친구가 주변에 백 명만 남아 있다면 그 사람은 성공적인 인생을 살았다고 할 만할 것이다.

그리고 세월이 더 지나서 모든 사회활동이 끝나 가는 환갑쯤 되었을 때, 언제나 쉽게 연락을 해서 불러낼 수 있는 친구가 오십 명만 남아 있다면 그 사람은 최소한 은퇴 후에 무엇을 하면서 시간을 보내야 할지 걱정을 할 필요가 없을 것이다.

듣고 보니 결국은 사람의 이야기였다.

내가 조봉구의 이야기를 정확히 옮겼다고 자신을 할 수는 없다. 어쩌면 말을 전하는 조봉구의 생각도 끼어들고 또 이 글을 쓰는 도중에 내 생각도 끼어들어서 이인호의 원본과는 다소 달라졌을 수도 있다.

그러나 세상을 살면서 사람을 소중히 하라는 이인호의 본래의 뜻은 달라지지 않았을 것이다. 제법 긴 얘기를 마무리하면서 조봉구는 내게 물었다.

"지금 당장 술 한잔 하자고 불러낼 수 있는 친구가 얼마나 될 것 같아?"

아무리 생각해 보아도 오십은커녕 열 손가락을 꼽기가 쉽지 않았다.

물론 우리가 이인호의 명함 이야기대로 살 수는 없다.

이인호 역시 사람의 관계가 중요하다는 이야기를 그런 식으로 과장을 해서 말했을 것이다. 그러나 그의 이야기 속에는 우리가 어떻게 나이를 먹어야 하는가에 대한 은근한 교훈이 있었다.

흔히 노후 대책이라고 하면 대부분 궁색하게 살지 않을 정도의 재물을 준비해 두는 것쯤으로 생각한다. 그리고 그것을 위해서 때로는 사람들과의 관계를 희생하기도 한다. 돈만 있으면 노후가 행복할 것이라는 생각을 하고 있는 것이다. 그러나 아무리 천만금의 재산이 있다고 한들 주변에 희로애락을 나눌 가까운 사람이 없다면 그 인생이 얼마나 적막할 것인지를 생각해 볼 필요가 있다.

직장에서 은퇴를 하고 사회활동이 중단이 되면 아무래도 인생을 다 산 듯한 허탈감이 들게 마련이다. 게다가 시간은 남아도는데 막상 연락을 해서 만날 사람이 없다면 어떤 느낌이 들 것인지 상상하기가 어렵지 않다.

어느 여론 조사에 따르면 노인들이 가장 힘들어하는 일은 금전적인 어려움보다도 외로움의 고통이 더 크다고 말했다고 한다. 그래서 요즘같이 추운 날에도 파고다 공원이나 청계천 주변을 가면 갈 곳 없는 노인들을 쉽게 볼 수 있다. 그곳에서 비슷한 처지의 노인들을 만나 이야기를 하거나 장기 같은 것을 두면서 시간을 보낸다. 아마도 추위가 주는 고통보다도 외로움의 고통이 더 크기 때문에 매일 그곳에 나올 것이다.

어차피 우리는 평생 동안 사람들을 만나고 헤어지는 것을 반복해 가면서 살아간다.

누군가가 어느 부자에게 이런 질문을 했다고 한다.

"어떻게 하면 부자가 될 수 있습니까?"

"버는 것보다 쓰는 것이 적으면 부자가 되지요."

사람의 관계도 다를 바가 없을 것이다.

만난 사람보다 버리는 사람이 적으면 나이가 들어 외로워질 걱정을 하지 않아도 될 것이기 때문이다. 그런 점에서 명함이야말로 훗날을 위한 훌륭한 적금 통장이라고 할 만하다.

이인호의 명함 이야기를 듣고 나니 이따금 만삭의 배처럼 부풀어 오른 지갑 속에 있는 명함들이 어쩌면 그 두께만큼의 지폐보다 훨씬 더 큰 재산이 될 수도 있겠다는 생각이 들었다.

책상 위에 모아 놓았던 여러 장의 명함 중에서 전화라도 한번 걸어야겠다고 생각하며 몇 장을 따로 골라 놓았다.

말 한마디의 힘

내가 자주 만나는 후배 중에 김대중이란 친구가 있다.

광고 음악을 만드는 작곡가인데 이름이 전직 대통령과 같아서 별명이 DJ이다. 가끔 술자리에서 어울리면 노래를 잘하고 피아노와 색소폰의 연주 솜씨가 뛰어나서 주변 사람들을 즐겁게 만든다.

특히 성격이 낙천적이고 둥글둥글해서 어느 누구와도 잘 어울린다. 나와는 고등학교 선후배 관계이고 알고 지낸 지도 어느새 20년이 넘다 보니 마치 친동기간처럼 지내고 있다.

어느 날, 만난 지도 오래되고 그날 따라 어쩐지 기분도 좀 울적해서 저녁이나 함께 하자고 전화를 했더니 평소와는 달리 좀 거북해 했다.

"저, 오늘은 좀 그런데요."

"왜? 무슨 약속 있어?"

그랬더니 대답이 엉뚱했다.

"약속은 없지만 오랜만에 애비 노릇을 좀 하려구요."

"애비 노릇을 하다니?"

무슨 소리인지 이해가 가지 않아 되물었더니 제법 긴장된 목소리로 대답했다.

"다음 주가 선민이 수능이잖아요. 이번 주는 일찍 들어가야겠는데요."

그리고 보니 수능시험이 다음 주로 다가와 있었다.

그럴 것이다. 아들은 한창 수능시험의 막바지 준비에 온 신경이 곤두서 있을 터인데 아버지가 술 냄새를 풍기고 들어간다면 체면이 서지 않는 일이었다.

"아이고 미안해, 일찍 들어가라구."

그날은 그렇게 전화를 끊었는데 다음날 그에게서 전화가 왔다.

"어제 아들놈한테 한마디 들었는데요."

"왜, 뭐 잘못한 일 있어?"

깜짝 놀라서 물어보았더니 그는 특유의 웃음을 낄낄거리면서 이렇게 말했다.

"요새 며칠 일찍 들어갔더니 오히려 그게 더 신경이 쓰인다고 저보고 평소에 하던 대로 하래요, 글쎄."

말은 그렇게 하면서도 은근히 대견해 하는 기색이 역력했다.

그리고 며칠이 지난 후였다. 문득 수능이 며칠 남지 않았다는 생각이 들어 격려라도 할 겸 저녁 무렵에 그에게 전화를 걸었다.

"선민이한테 내가 열심히 기도하겠다고 전해 줘."

"아이고, 고맙습니다. 꼭 전할게요."

말은 그렇게 했지만 솔직히 그의 아들을 위하여 내가 열심히 기도를 했다고는 말할 수 없다. 그저 늘 하던 대로 집사람에게 이끌려 교회에 간 김에 제 실력대로 침착하게 시험을 보게 해 달라고 아주 짧게 기도 비슷한 것을 했을 뿐이다.

수능이 끝난 날 저녁이었다.

퇴근하는 차 속에서 시험을 잘 보았는지 궁금한 생각이 들기는 했으나 어쩐지 조심스러워서 전화를 못하고 있는데 마침 그에게서 전화가 왔다.

"전데요, 선민이가 말씀드릴 게 있다는데요."

그러면서 곧바로 전화를 바꾸어 주었다. 그러자 수화기를 통해서 기쁨에 가득 찬 목소리가 쩌렁쩌렁 울려 나왔다.

"선생님, 감사합니다. 기도를 해 주신 게 확실히 통한 것 같아요."

수능을 잘 본 모양이었다.

우선 시험을 잘 보았다니 그렇게 반가울 수가 없었다. 그리고 고마웠다. 같은 말이라도 '아' 다르고 '어' 다르다고 하는데 그냥 시험을 잘 보았다고 하는 것이 아니라 내 기도 덕분에 잘 보았다고 하니 한편으로는 민망하고 또 다른 한편으로는 대견했다.

당연한 이야기지만 내 기도 덕분에 그 아이가 시험을 잘 본 것은 아니다. 시험이란 게 제가 실력이 있어야 잘 보는 것이지 누가 기도를 해 준다고 잘 보는 것은 아니다. 내가 기도를 해 주겠다는 이야기는 그저 그 아이를 위해 해 줄 수 있는 평범한 격려의 말에 불과했다. 그리고 그런 이야기는 듣는 사람의 입장에서도 지나가는 인사치레 정도로 들어 넘기는 것이 보통이다. 그럼에도 불구하고 그 말을 가슴에 담아 두었다가 수능이 끝난 후에 내게 일부러 전화를 해 준 마음이 그렇게 예쁘고 고마울 수가 없었다.

그 아이의 한마디 말 때문에 나는 그날, 집으로 가는 길이 행복했다.

콧노래까지 흥얼거리며 운전을 하는 동안 나는 새삼스럽게 사람의 말 한마디가 가지고 있는 힘을 실감했다.

언젠가 교회에서 이런 설교를 들은 적이 있다.

미국의 어느 고등학교에 도저히 선도가 될 수 없어 보이는 말썽꾸러기 학생이 있었다고 한다. 그런데 어느 날 새 교장 선생이 부임을 해서 그 유명한 학생을 처음 만났을 때, 교장은 학생의 손을 잡고 한참을 보다가 이렇게 말했다.

"자네의 이 손이야말로 장차 유명한 외과의사의 손이 될걸세. 잘 아끼도록 하게."

실제로 그는 후일 유명한 외과의사가 되었다고 한다.

교장 선생이 무엇을 근거로 그런 이야기를 했는지는 모른다. 그러나 교장 선생의 말 한마디가 한 학생의 인생을 바꿀 만한 힘이 있었던 것은 분명했다. 어느 누구에게서도 칭찬이라고는 들어 보지 못했던 학생에게 교장의 진지한 말 한마디는 그 순간부터 한 사람의 확실

일본 하꼬다데 하리스코스 정교회.
일본에서 본 오래된 교회는 특별한 느낌을 주었다.

한 인생의 목표가 되었던 것이다.

또 이런 말을 들은 적도 있다.

어느 마을에 대문을 마주 보는 두 가정이 있었다.

그리고 두 집 모두 같은 또래의 아이들이 있었다. 그런데 아이들이 말썽을 피울 때마다 한 가정에서는 어머니가 이렇게 말했다.

"너 이따 아버지한테 말해서 혼내라고 그럴 거야."

그러나 다른 가정에서는 어머니가 이렇게 말했다.

"아버지는 어떻게 생각하실까?"

성인이 되었을 때 한 아이는 아버지와 사이가 좋지 않아 집을 떠났고 다른 집 아이는 미국의 유명한 신학대학교의 학장이 되었다.

이따금 우리가 무심코 하는 한마디의 말이 듣는 사람에 따라서는 엄청난 영향을 끼친다. 오죽하면 "말 한마디로 천냥 빚을 갚는다."라는 옛말이 있겠는가. 그럼에도 불구하고 우리는 깊은 생각 없이 함부로 말을 한다.

물론 우리가 하는 한마디, 한마디 말을 꼭 남에게 도움이 되는 것만을 골라서 할 수는 없다. 그저 생각 없이 이야기하고 편안하게 들으며 산다. 그러나 이따금 악의 없이 내뱉은 말 한마디가 남에게 본의 아닌 피해를 주는 경우가 종종 있다. 최소한 그런 이야기는 피하면서 살아야 한다.

말도 일종의 습관이다. 좋은 말만 골라 쓰면 어느새 그것이 습관이 되고 나쁜 말을 자주 쓰면 그것 역시 습관이 된다.

언젠가 전철을 타고 있다가 깜짝 놀란 적이 있다.

별로 바쁘지 않은 오후 시간이어서 덜컹거리는 차 소리 외에는 시끄러운 소리가 없었는데 어느 역에선가 네다섯 명의 여학생이 타고 난 뒤에는 그야말로 온 전철 안이 난장판이 되었다. 처음엔 여학생들의 얼굴도 깨끗하고 옷차림도 단정해서 별로 신경을 쓰지 않았는데 전철이 역을 출발하자마자 갑자기 전철 안이 시끄러워지기 시작했다.

우선 여학생들의 큰 목소리가 가까이 있는 사람들을 놀라게 했다.

아무리 가랑잎 굴러 가는 것을 보고도 웃는 나이라고는 하지만 주변 사람들을 의식하지 않는 버릇없는 태도가 참기에 힘이 들 정도였다. 게다가 더욱 기가 막힌 것은 그들이 쓰고 있는 언어가 거의 욕에 가까운 수준이었다는 점이다.

하도 놀라서 얼굴을 유심히 보았으나 그들에게는 일상적인 것이었던지 남이 듣건 말건 거침이 없었다. 나 말고도 주변의 사람들이 노골적으로 눈총을 주었으나 오불관언(吾不關焉), 신경조차 쓰지 않았다. 아니, 신경을 쓰지 않는 것이 아니라 이미 습관이 되어 있어서 그런지 자신들의 태도와 말에 문제가 있다는 것을 전혀 모르고 있는 것 같았다. 단정해 보이던 얼굴에 갑자기 불량기가 뚝뚝 흘러 넘쳤다. 그 정도가 되면 본인들뿐 아니라 부모와 선생에게도 누가 된다. 도대체 누가 어떻게 길러서 저 모양인가 싶은 생각이 들기 때문이다.

일반적으로 인격과 성품이 잘 수양이 되어 있는 사람들을 보면 두 가지 공통적인 특징이 있다. 하나는 얼굴 표정이 편안해 보이고 또 다른 하나는 말하는 태도가 남과 다르다. 두 가지 다 마음을 표현하는 거울이기 때문이다.

아주 오래 전 일본의 시계광고에 이런 것이 있었다.

"고마워요."

이 일초의 짧은 말에서 사람의 따뜻함을 알 때가 있다.

"힘내세요."

이 일초의 짧은 말에서 용기가 살아날 때가 있다.

"축하해요."

이 일초의 짧은 말에서 행복이 넘치는 때가 있다.

"안녕."

이 일초의 짧은 말에서 일생 동안의 이별이 생길 때가 있다.

수능이 끝난 지 며칠 뒤였다.

저녁 무렵에 김대중의 사무실에 들를 일이 있어 주차를 하고 있는데 저만치서 누군가 반색을 하고 달려왔다. 선민이었다.

"안녕하셨어요?"

환한 웃음이 얼굴에 가득했다.

나도 어쩐지 전과는 다른 느낌으로 그 아이의 인사를 받았다.

"그래 어느 대학에 갈 건지는 결정했어?"

"아니요, 의대를 갈지 공대를 갈지 아직 결정을 못했는데 어느 쪽이 좋을 것 같으세요?"

누군가 우리의 대화를 들었다면 제법 가까운 친척 정도로 생각했을 것이다. 아니, 남들이 그렇게 보는 것만이 아니라 내 가슴속에도 마치 친조카를 대할 때와 같은 친밀감이 있었다.

아마도 기도를 해 준다는 평범한 한마디의 말이 없었다면 그런 감정을 갖기가 어려웠을 것이다. 또 그것을 잊지 않고 전화를 해 준 그 아이의 한마디 말이 없었다면 우리들의 마음이 통하지 않았을 것이다.

말 한마디가 서로의 마음을 따뜻하게 묶어 주었다.

한마디 말의 힘, 세상살이는 꼭 어른들에게서만 배우는 것이 아니었다.

남자의 수염

 남자들이 하루도 빠지지 않고 하는 일 중의 하나가 면도하기이다.

나 같은 경우는 수염이 별로 억세지 않아서 큰 어려움이 없지만 털이 많거나 억센 사람은 매일 아침 면도를 한다는 것이 만만한 일이 아니다. 면도를 하기에 시간도 많이 걸리고 피부도 상하기 쉽다.

사람의 얼굴은 매우 섬세해서 어딘가 조금만 달라져도 전체의 인상이 크게 바뀐다. 특히 여자의 경우는 화장이 평소와 조금만 달라져도 얼굴이 전혀 다르게 보인다. 남자 역시 여자의 화장만큼은 아니지만 머리 모양이 달라진다든가 의상이 바뀌면 어딘가 느낌이 달라진다.

특히 남자의 인상에 크게 영향을 주는 것이 수염이다.

매일 깔끔하게 하고 다니던 사람이 어쩌다 면도를 하루만 거르면 매우 피곤해 보인다. 심한 경우 환자와 같이 보이기도 한다. 그리고 단정하지 못한 남자의 수염은 게으른 느낌마저 준다. 그러나 사람에 따라서는 잘 기른 수염이 매우 그럴듯한 분위기를 만들어 주기도 한다.

외국의 영화배우 중에 숀 코네리 같은 사람이 그런 경우이다.

젊어서 007 시리즈에 나올 때만 해도 그저 그런 보통의 배우였다고 생각했는데 나이가 들면서 수염을 기르고 난 다음에는 깜짝 놀랄 정도로 클래식한 느낌을 주는 멋쟁이가 되었다. 그를 볼 때마다 저렇게 늙을 수도 있구나 해서 감탄이 절로 나온다.

그런 느낌을 주는 가장 큰 이유는 반백으로 멋지게 자란 수염 때문이다. 길지 않게 기른 수염은 시원하게 벗겨진 앞머리와 썩 잘 어울린다. 그래선지 짙은 눈썹 밑으로 보이는 깊은 두 눈도 훨씬 그윽하게 보인다.

아무래도 수염은 동양인보다는 서양 사람들에게 더 잘 어울린다. 아마도 선이 굵고 깊이가 있는 얼굴 생김새 때문일 것이다. 동양 사람들 중에도 수염을 기른 사람이 적지 않지만 어딘가 평범하지 않은 느낌을 주어 상대에게 긴장감을 주는 경우가 많다.

그런데 몇 해 전, 수염에 관한 내 선입견을 강한영이 하루아침에 바꾸어 놓았다. 꽤 여러 달 만에 만났더니 그 사이 그 수염을 멋지게 기르고 나왔다. 처음에는 생소한 느낌이 들어서 조금 어색하더니 몇 번 보니까 볼수록 멋이 있었다.

조금 나이가 들어 보이기는 했으나 적당히 흰색이 섞여 짙은 잿빛으로 보이는 콧수염과 턱수염이 영락없이 숀 코네리를 연상하게 했다.

전에는 그저 얼굴이 잘생겼다는 느낌밖에 없었는데 수염을 기르니까 자기 분야에서 일가를 이룬 자신감과 전문성이 있어 보였다. 특히 얼굴 전체의 인상이 너그러워 보였다.

거의 비슷한 무렵이었을 것이다. 어느 날 TV를 통해 지금은 고인 (故人)이 된 코미디언 이주일 씨가 멋지게 수염을 기른 것을 보았다. 솔직히 이주일 씨는 잘생긴 얼굴이라고 할 수는 없다. 본인의 말대로 못생겨서 미안하다고 할 정도이다. 그런데 수염을 기르고 나니까 그의 얼굴은 전혀 못생기지도 않았고 우스꽝스럽지도 않았다. 오히려 인생을 잘 산 사람의 여유와 너그러움이 있었다. 그리고 지성적으로 보이기까지 했다.

일단 그런 느낌을 갖고 보니까 전에는 무심코 흘려들었던 그의 말 한마디 한마디가 가벼운 농담으로 들리지 않았다. 같은 이야기인데도 인생에 대한 깊은 관조가 있었고 격이 높은 풍자의 느낌이 있었다. 단지 수염을 길렀을 뿐인데 사람에 대한 인식까지도 달라지는 것이 이상했다.

강한영과 이주일, 그 두 사람이 수염을 기른 것을 보면서 나는 한국 사람도 저렇게 수염이 잘 어울릴 수 있구나 생각을 했다. 그 이후로 나도 은근히 수염을 길러 보면 어떨까 싶었으나 막상 용기가 없어서 기르지는 못했다.

그러다 우연치 않게 수염을 기를 기회가 있었다.

약 보름 정도의 일정으로 동 구라파에 여행을 갔을 때였다. 처음

하루 이틀은 부지런히 면도를 했으나 바쁜 일정으로 이곳저곳을 다니다 보니까 아침마다 면도를 한다는 것이 여간 귀찮은 것이 아니었다. 그래서 사흘째 되는 날부터는 면도를 하지 않았다.

처음에는 거울을 볼 때마다 이상했다. 삐죽삐죽 자란 수염이 지저분해 보이기도 하고 피곤해 보이기도 했다. 특히 군데군데 섞여 나오는 흰 수염이 보기에 거북했다. 그러나 한편으로는 여행자의 분위기와 맞는 느낌도 있어서 그대로 놓아 두었다. 그렇게 한 열흘쯤 지나서 어느 정도 수염이 자라니까 처음과는 달리 제법 자리를 잡아가기 시작했다.

나는 얼굴이 조금 동그란 편이다. 흔히 말하는 동안(童顏)이어서 젊었을 때는 나이보다 어려 보인다는 소리를 가끔 들었다. 그러나 나이가 들어가면서 양 볼에 살이 좀 붙으니까 내가 보기에도 어쩐지 좀 심술궂은 느낌을 주었다.

그런데 수염을 기르고 나니 얼굴 전체의 분위기가 달라 보였다. 우선 얼굴이 약간 길어 보이고 양 볼의 살도 빠져 보여서 전체적으로 부드러운 느낌을 주었다. 특히 점점 깊어지는 입가의 주름살이 보이지 않는 것이 마음에 들었다.

스스로 생각하기에도 강한영만큼은 아니지만 수염이 전혀 어울리지 않는 타입은 아닌 것 같았다. 계속 길러도 되겠구나 생각은 하면서도 여행이 끝나면 면도를 해야겠다고 마음먹고 있었다.

그런데 막상 휴가가 끝나서 거울 앞에 서니까 어쩐지 서운한 느낌

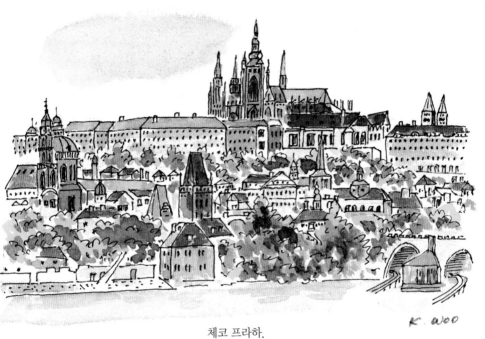

체코 프라하.
프라하가 눈에 밟혀서 그림엽서를 보고 그렸다.

이 들어서 잠시 망설이고 있는데 그 모양을 보던 아내가 빙그레 웃으며 한마디 했다.

"보기 좋은데 그냥 기르지 그래요."

그것은 의외의 반응이었다. 여행 중에 아내는 내 수염에 대해서 별다른 이야기를 한 일이 없었다. 그저 귀찮으니까 면도를 안 하나 보구나 정도로 생각하는 줄 알았다. 그런데 호감을 가지고 있었던 것이 분명했다. 아마도 수십 년을 똑같은 얼굴을 보고 살다 보니 좀 지겹기도 했을 것이다.

솔직히 그날, 아내의 말 한마디가 없었다면 나는 수염을 기르지 못했을 것이다. 그래서 나는 좀 계면쩍기는 했지만 수염을 깎지 않은 채 출근을 했다.

내 수염에 대한 주변 사람들의 반응은 극단적으로 나뉘었다.

크리에이티브 쪽에서 일하고 있는 스태프들은 한 명의 예외도 없이 꽤 괜찮은 아티스트처럼 보인다고 마음에 들어 했다. 특히 나이가 젊은 층들은 평소에 어딘가 거리감이 있어서 다소 어려웠는데 수염을 기르니까 친근감이 생겨서 좋다고 했다.

그러나 기획 쪽의 스태프들은 생각이 달랐다. 우선 나이가 들어 보여서 노인의 냄새가 난다고 했다. 아닌 게 아니라 그 점이 마음에 걸리기는 했다. 내가 보기에도 한 5년쯤은 더 늙어 보였기 때문이다. 그러나 이왕 큰맘먹고 기른 것이니 한동안은 그대로 두기로 작정을 했다.

사람들은 보통 수염을 기르면 면도를 하지 않아도 되는 것으로 알고 있다. 그러나 천만의 말씀이다. 수염을 기르면 오히려 잔손질을 훨씬 많이 해야 한다. 보기 좋게 수염을 기르기 위해서는 잔털은 잔털대로 깔끔하게 정리를 해야 되고 긴 털은 모양을 잡아 가위로 잘 손질을 해 주어야 한다. 그렇지 않으면 마치 행려병자와 같이 몰골이 사나워진다. 면도를 하는 것보다 시간도 더 걸리고 신경도 훨씬 더 많이 써야 한다.

그런데 한 가지 이상한 것은 면도를 하고 다닐 때는 내 얼굴이 늘 비슷해 보였는데 수염을 기르고 나니까 매일 아침 얼굴이 달라 보이기 시작했다는 점이다. 어느 날은 제법 분위기가 있어 보이는가 하면 또 어느 날은 세상살이에 찌든 피곤한 얼굴이 거울에 비치기도 했다.

그것이 내 마음 때문이라는 것을 깨닫기까지는 꽤 오랜 시간이 걸렸다.

하루를 잘 보낸 다음날의 얼굴은 마치 거울처럼 내 마음이 비쳐 나왔다. 그러나 마음이 불편하고 짜증을 내며 보낸 다음날은 여지없이 그 감정의 앙금이 그대로 얼굴 구석구석에 남아 있었다. 물론 수염을 기르기 전에도 그랬을 것이다. 그러나 수염을 기른 후에는 맨얼굴일 때보다 그 차이가 확연히 드러났다. 마치 풀잎에 이슬이 맺히듯 수염 한올 한올에 내 감정이 맺혀 나오는 느낌이 들었다.

남자의 얼굴은 그 사람의 인생이며 마음이라고 한다. 그리고 수염은 그것을 훨씬 더 드라마틱하게 보여 준다. 거의 1년 정도 수염을 기르고 나서야 나는 겨우 깨달았다. 숀 코네리나 이주일, 그리고 강한

영의 수염이 보기 좋은 것은 손질을 잘한다거나 수염의 모양이 좋기 때문만은 아니었다. 그들의 생각과 생활이 수염 속에 보기 좋게 배어 나왔기 때문이었다.

일단 그런 생각이 드니까 매일 아침 내 수염에 신경이 쓰이기 시작했다. 어쩌다 술이라도 과했던 다음날은 여지없이 나이 들고 초췌한 남자가 거울 속에 나타났다. 또 어떤 날은 고집스럽고 거친 표정이 그 안에 있었다. 물론 제법 분위기가 있고 세월의 관록이 담긴 남자를 보는 때가 없는 것은 아니었다. 그러나 그런 기분은 한 달에 몇 번 안 되었다.

그러다 보니 매일 아침 거울 앞에 선다는 것이 여간 부담스러워지는 것이 아니었다. 오늘은 어떤 얼굴일까? 마치 매일 아침 심판을 받는 느낌이 강하게 들기 시작했다.

그리고 어느 날, 나는 충동적으로 수염을 깎아 버렸다. 그날 따라 유난히 내 얼굴이 마음에 들지 않았기 때문이다.

아내는 많이 허전해 했다. 나 역시 턱 밑이 많이 허전했다. 그리고 혼자 중얼거렸다.

"까짓 마음이 내키면 또 기르면 되지."

그러나 나는 그것이 쉽지 않을 것이라고 생각한다. 매일 아침 내 수염이 멋지게 보일 만큼 내 마음을 다스릴 수 있을지 자신이 없기 때문이다. 언제가 될지 모르지만 희망을 가져 본다.

수염은 마음으로 길러야 아름답다.

2장

새우잠을 자면서 고래 꿈을 꾼다

칸의 햇빛

 어느 날 뉴스를 보고 있노라니 칸 영화제에서 「올드 보이」가 심사위원장 상을 받았다는 보도가 나왔다. 경쟁부분 전체에서 두 번째에 해당되는 상이라니 대단한 일이다. 칸 영화제뿐 아니라 최근 한국의 영화가 세계적으로 권위가 있는 각종 영화제에서 상을 받았다는 얘기를 심심치 않게 듣는다. 한국 영화의 질적 수준이 그만큼 높아졌다는 의미일 것이다.

그뿐만이 아니라 요즘은 흥행에서도 대단한 실적을 올리고 있다. 얼마 전까지만 해도 한국 영화는 스크린 쿼터의 보호를 받지 않으면 살아남을 수 없는 지경이었다. 관객이 없었기 때문이다. 그런데 언제부터인가 한국 영화가 재미있다는 소리가 들리더니 지금은 관객 수가 천만 명을 넘는 영화가 심심치 않게 나올 정도이다. 그야말로

상전벽해(桑田碧海)와 같은 변화가 아닐 수 없다. 단순히 계산하면 영화 한 편을 성인들 거의 절반이 보았다는 이야기니 그 누구도 상상하지 못했던 일이다.

몇 년 전까지만 해도 나는 한국 영화를 본 적이 없었다. 그러나 최근에는 극장에 가서 한국 영화를 자주 본다. 우선 재미가 있기 때문이다. 한동안은 코미디나 조직 폭력배 이야기가 판을 치더니 지금은 소재의 선택이나 아이디어가 놀랄 만큼 다양하고 완성도도 깜짝 놀랄 정도로 좋아졌다는 느낌이 든다. 이 정도라면 굳이 스크린 쿼터로 보호하지 않아도 국내에서는 할리우드 영화에 대해 상당한 경쟁력을 가지고 있다고 해도 좋을 듯 싶다.

그뿐만이 아니라 꽤 괜찮은 가격으로 외국으로 수출도 한다고 하니 그만하면 국제적인 경쟁력도 갖고 있는 모양이다.

「올드 보이」는 나도 본 적이 있다. 그러나 솔직히 크게 감동적이지는 않았다. 소재가 다소 부담스럽고 전체의 분위기가 어두워서 보고 난 뒤끝이 어딘가 개운치 않았기 때문이다. 그런 영화가 전 세계에서 출품된 내로라하는 영화들 틈에서 최고 수준의 상을 받았다니 영화를 보는 나의 시각에 좀 문제가 있는 것 같으나 어찌 됐건 한국 영화가 크게 발전을 한 것만은 틀림이 없다.

칸에 대해서는 나는 좀 특별한 기억을 가지고 있다. 매해 5월이면 칸에서 국제영화제가 열린다. 그리고 곧바로 6월에는 영화제가 열렸던 바로 그 자리에서 칸 광고제가 열린다. 칸 광고제 기간에는 전 세계로부터 수많은 광고인들과 크리에이터들이 모여든다. 그들이 한 곳에 모여 세계 각국에서 출품된 광고들을 보면서 감탄도 하고 야유도 하면서 약 일주일 정도를 보낸다.

국내의 광고회사들도 그 해의 가장 뛰어난 광고를 뽑아 출품을 하고 또 내부적으로 실적이 좋은 사람들을 선발하여 포상 차원으로 그곳에 보내기도 한다. 그래서 해마다 6월이 되면 광고를 하는 사람들의 가슴이 은근히 설렌다. 혹시 자신이 만든 광고가 칸에서 상을 받거나 회사에서 자신을 뽑아 그곳에 보내 주지 않을까 기대를 하기 때문이다.

행사에 참가하려면 참가비와 항공료, 여비 등의 비용이 만만치가 않다. 그럼에도 불구하고 광고를 하는 사람들은 누구나 자비를 들여서라도 한 번쯤은 참석하기를 갈망한다. 마치 성지 순례를 통해 자신의 신앙을 확인하려는 돈독한 신도들처럼 광고에 대한 새로운 자극을 받기 때문이다.

나 역시 광고를 시작한 지 얼마 되지 않을 때부터 칸에 가고 싶었다. 그러나 내가 칸에 가고 싶었던 이유는 남들과는 조금 다른 이유가 있었기 때문이다.

아주 오래 전에 일본의 TV 광고 감독 중에 스기야마라는 사람이 있었다. 1960년대를 거쳐 70년대 중반까지 주로 시세이도(資生堂) 화장품의 TV 광고를 만들었던 감독이다.

그의 광고들을 볼 때마다 나는 거의 절망에 가까웠던 외경심을 가졌던 기억이 있다. 그의 광고는 마치 잘 만들어진 예술작품 같아서 상대적으로 내 자신이 너무 초라하다는 느낌을 지울 수 없었기 때문이다.

그만큼 그의 광고는 아름답고 독특했다. 그리고 설득적이었다.

특히 내가 지금까지도 그를 선명하게 기억하고 있는 이유는 그의 남다른 예술가적 기질 때문이었다.

그는 한창 왕성하게 활동하던 40대의 중반에 스스로 목숨을 끊었다.

그리고 그가 남긴 짤막한 유서가 충격적이었다. 오래 전 일이라 정확하게 기억은 할 수 없지만 대강의 요지는 이런 것이었다.

"아름답지도 않은 것을 아름다운 척, 진실되지 않은 것을 진실한 척 꾸미는 것에 싫증이 났다. 이제는 더 이상 나 자신을 속일 수가 없다."

그가 자살을 하게 된 직접적인 동기는 칸의 햇살 때문이었다고 한다.

그의 마지막 광고는 시세이도의 기업 광고였다.

세 명의 여자 모델이 백마가 끄는 마차를 타고 칸의 해안 도로를 달리고 있는 매우 단순한 내용이었다. 그는 그 광고 속에서 칸의 햇빛을 표현하고 싶었다고 했다. 그의 표현에 의하면 칸의 햇빛 속에서는 모든 사물이 달리 보였다고 한다. 그가 평생을 기울여 꾸미고 다듬었던 어떤 그림보다도 남 프랑스의 햇빛은 너무도 투명하고 아름다워서 숨이 막힐 지경이었다는 것이다. 그리고 그는 그 빛의 느낌을 자신의 필름 속에 담기 위해서 일체의 에피소드와 장식적인 요소를 배제한 채 매우 단순한 구성으로 광고를 만들었다.

그러나 그가 일본에 돌아와 현상이 끝난 필름을 보았을 때, 그는 숨이 멎는 느낌이 들었다고 유서에 적었다. 그가 찍은 필름 어느 한 구석에도 그가 그토록 표현하고 싶어했던 남 프랑스의 햇빛은 없었던 것이다. 여자 모델 세 사람이 관광용 마차를 타고 있는 그저 그런 평범한 그림이었을 뿐이었다.

그것을 확인한 순간, 그는 자기 자신의 능력에 대해 절망했고 그 광고가 발표된 지 얼마 지나지 않아 짤막한 한 통의 유서를 남기고 목숨을 끊은 것이다.

가스 자살이었다.

일본의 광고잡지에서 그의 자살기사를 읽으면서 나는 비록 광고가 예술은 아닐지언정 광고를 만드는 마음만은 예술가적인 치열한 고뇌가 있어야 좋은 광고를 만들 수 있다는 것을 뼈저리게 느꼈다. 그가 만들었던 아름다운 광고들은 단순한 감각만으로 만들어진 것이 아니었다. 영상 한컷 한컷 속에 뼈를 깎는 갈등과 고민이 담겨 있었던 것이다.

그 뒤로 나도 여러 번 경험을 했지만 좋은 광고란 훌륭한 정보와 기교만으로 만들어지는 것이 아니었다. 성공한 광고란 언제나 만드는 사람의 고뇌에 비례했다.

그의 자살기사를 읽으면서 나는 정말 궁금했다. 도대체 칸의 햇빛이 어떤 느낌이었기에 그를 죽음까지 이르도록 만들었던 것인지 궁금했다. 그리고 나는 그가 그렇게 표현하고 싶어했던 칸의 햇빛을 언젠가는 내 눈으로 꼭 한번 확인해 보리라 다짐했다.

그 후 근 15년이 지난 후에야 나는 비로소 큰마음을 먹고 칸 광고제에 참가 신청을 했다. 떠나기 며칠 전부터 나는 수학여행을 처음 떠나는 초등학생처럼 가슴이 설레었다.

칸에 가려면 니스를 거쳐야 한다. 공항이 그곳에 있기 때문이다.

사실 칸이나 니스나 앞뒷집 정도에 불과해서 햇빛이 크게 다르지는 않을 것이다. 그러나 나는 니스의 해안에서는 남 프랑스의 햇빛을 보지 못했다. 아니, 볼 수가 없었다. 햇빛보다 더 강렬하게 내 눈을 자극하는 것이 있었기 때문이다.

온통 가슴을 드러낸 채 겨우 손바닥만한 천으로 엉덩이 근처만을 아슬아슬하게 가린 여인들이 온 해변에 가득했다. 누가 무어라는 사람도 없건만 괜히 얼굴이 달아올라 시선 둘 곳을 찾지 못하다가 황급히 꺼내 쓴 선글라스에 가리워 햇빛을 느낄 겨를이 없었다.

내가 남 프랑스의 햇빛을 제대로 본 것은 칸에 도착한 다음날 아침이었다.

잠에서 깨어나 호텔의 커튼을 젖히는 순간, 마치 투명한 수정 같은 햇빛이 쏟아지듯 방안 가득히 밀려 들어왔다.

멀리 들리는 파도 소리 때문이었을까. 그 햇빛들은 마치 수십 잔의 포도주 잔이 마주칠 때와 같은 소리를 내고 있었다. 그리고 그 햇살 너머로 푸른 바다와 흰색의 건물들이 유트릴로의 그림처럼 내 눈앞에 전개되었다.

그것은 내가 보았던 어떤 그림보다도 강렬했고 찬란했다. 눈에 보이는 모든 것들이 이제까지 내가 보았던 것과는 다른 인상으로 다가왔다. 마치 프리즘을 통해 햇살을 보듯 모든 사물들이 원색적인 순수함을 지니고 있었다.

나는 한동안 넋을 잃고 그 빛나는 풍경들을 바라보았다. 한참이 지나서야 나는 왜 인상파 화가들이 남 프랑스에서 그림 그리기를 고집했고 왜 또 그런 그림들을 그릴 수밖에 없었는지 이해가 되었다. 사물에 비치는 모든 색채들이 조각조각 갈라져서 반사되고 있었다.

그 순간 나는 스기야마가 이해가 되었다.

그의 마지막 광고는 나도 본 일이 있다. 꽤 잘 만든 광고라고 생각했는데 막상 칸의 햇빛을 보고 난 다음에 그가 왜 절망을 했는지 이유를 알 것 같았다.

내 기억 속에 있는 그의 마지막 광고는 칸의 햇빛에 비하여 어딘지 어둡고 칙칙했다. 아마도 그가 칸에서 보았던 사물의 인상과는 다른 느낌이었을 것이다.

그리고 자신이 보고 느낀 것을 제대로 표현할 수 없다는 사실에 절망했을 것이다. 칸에 있는 일주일 동안 나는 광고를 보는 것보다 더 많은 시간을 호텔의 테라스에서 보냈다. 맥주 한잔을 시켜 놓고 바다를 보고 있노라면 시시각각 그 빛깔이 달리 보였다. 깊이를 알 수 없는 청색으로 보이는가 하면 곧바로 포근한 에메랄드 색으로 바뀌기도 했고 은어의 비늘처럼 하얗게 조각조각 부서져 보이기도 했다. 그야말로 보는 각도와 시간에 따라 색채가 주는 느낌이 달랐다.

많은 인상파 화가들은 물감을 섞어서 색을 만들지 않았다고 한다. 그보다는 순수한 원색을 점이나 선으로 찍어 그것이 서로 어울리고 섞임으로써 만들어내는 오묘한 색의 혼합을 통해 그들이 느낀 사물의 이미지를 표현하고자 했다. 그래서 그런지 인상파 화가들의 그림은 사실적이지 않으면서도 어딘가 살아 움직이는 느낌을 준다.

고갱도 이렇게 말했다고 한다.

"때묻지 않은 자연과 사람의 모습을 그리기에는 여러 색을 혼합하지 않은 순수한 원색을 쓰는 것이 알맞다고 생각했습니다."

아마도 스기야마 역시 그런 이미지를 표현하고 싶었을 것이다. 그러나 당시의 영상 기술로서는 그런 표현이란 불가능한 것이었다. 그 현실적인 장벽 앞에서 고흐가 자신의 귀를 자른 절망감으로 스기야마는 자신의 목숨을 버린 것이다.

나는 광고가 예술이라고 생각하지는 않는다. 그러나 자신의 일에 관해서 그토록 처절하게 고민하고 괴로워한 스기야마의 예술가적인 정신만은 존경하지 않을 수 없다.

이따금 광고 일을 해서 경제적인 여유가 생기면 다른 일을 하겠다는 사람들을 만날 때가 있다. 물론 경쟁이 치열해서 장래가 불확실한 직업이니만치 탓할 수는 없지만 그런 이야기를 들을 때마다 어딘가 배신을 당하는 듯한 느낌이 든다.

이집트 아스완 OLD CATARAT HOTEL
아가사 크리스티가 이 호텔에서 「나일 강의 죽음」을 썼다고 한다.

최근 한국의 영화가 일종의 르네상스를 구가하고 있는 것은 결코 우연한 일이 아니다. 새로운 의식과 잘 훈련된 전문 지식을 가진 젊은 사람들이 뜨거운 열정을 가지고 영화분야에 투신하기 때문이다. 그들이야말로 미래에 대한 확실한 담보가 없는 사람들이다. 그러나 그들은 신념과 열정을 가지고 그들의 온 몸을 던져 영화를 만들고 있다. 지금 그 결과가 나타나고 있는 것이다.

오히려 그들보다 당장의 리스크가 적은 분야가 광고라고 할 수 있다. 그럼에도 불구하고 능력있는 사람들이 언젠가는 발을 뺄 생각들을 가지고 있다. 그래서야 광고의 미래가 없다.

1970년대 후반, 나는 효성 중공업 기업 광고에 이런 카피를 쓴 적이 있다.

"미래란 다가오는 것이 아니라 만들어지는 것입니다."

씨를 뿌려야 열매가 열린다. 의욕이란 씨를 뿌리고 열정이란 비료로 가꾸어야 「올드 보이」와 같은 수확이 생기는 것이다.

광고 분야에서도 우리가 하는 일 자체에 대한 가치와 의미를 소중히 해야 한다. 안에서 새는 바가지는 밖에서도 샌다고 했다. 영화에서 그랑프리를 받을 수 있다면 광고에서도 그랑프리를 받지 말란 법은 없다. 그러기 위해서는 우선 우리의 가슴이 뜨거워져야 한다.

금년에도 칸에서 광고제가 열린다. 그리고 많은 한국의 광고인들이 참가할 것이다. 올해도 또 그들만의 잔치에 박수만 치고 올 것이 아니라 훌륭한 광고를 만든 사람들의 뜨거운 열정을 가슴속에 담아

와야 비싼 여행 경비가 아깝지 않을 것이다.

기회가 있다면 다시 한번 칸에 가 보고 싶다. 그 투명한 햇살을 다시 한번 보고 싶다. 그리고 그 햇살 속에 자신을 불사른 스기야마의 열정을 다시 한번 생각해 보고 싶다.

새우잠을 자면서 고래 꿈을 꾼다

광고회사는 해마다 연말을 거쳐 연초에 이르는 두 달 동안이 가장 바쁜 시간이다. 그 무렵이 되면 광고회사는 마치 전쟁을 치르는 것같이 부산해진다.

대부분의 광고주가 1년 단위로 계약을 하기 때문에 관계가 잘 유지되고 있는 광고주에겐 새해의 광고 계획을 프레젠테이션해 주어야 하고 그렇지 못한 광고주에겐 다른 광고회사와의 경쟁 프레젠테이션을 준비해야 하기 때문이다.

또 새로운 광고주로부터 경쟁에 참가하라는 통보를 받아 어떻게 하면 그들의 마음에 쏙 드는 프레젠테이션을 해서 새로운 고객을 유치할까 머리를 쥐어짜기도 한다. 좀 과장해서 이야기하면 연초의 두 달 동안에 광고회사의 한 해 농사가 결판이 난다고 할 수 있다.

이 시기를 잘 넘기면 한 해 동안 경제적으로나 심리적으로 비교적 여유가 생기지만 자칫 실적이 저조하면 1년 내내 허리띠를 졸라매야 한다. 그러니 광고회사의 입장에선 피가 마르고 입술이 타는 계절이다. 사장을 비롯해서 영업을 책임지고 있는 AE들이나 제작을 담당하고 있는 크리에이터들이나 너 나 없이 애 간장이 녹아난다.

이 무렵이면 나는 출근을 하자마자 내 방에 옷을 벗어 놓고 제작팀을 쭉 한번 돌아보는 것으로 일과를 시작한다. 밤새 집에 못 들어간 스태프들과 눈인사라도 한번 하기 위해서이다. 그런 행위가 그들에게 특별히 위로가 되는 것은 아니지만 밤새 편안히 자고 나온 내 미안한 마음을 표현할 수 있는 방법이 그것밖에 없기 때문이다.

그날도 출근하자마자 유종상의 방으로 가 보았더니 불이 꺼져 있었다. 아직 출근을 하지 않았는가 보다 생각하고 흘끗 들여다보았더니 책상 앞에 놓인 작은 소파에 누워 잠을 자고 있었다.

유종상은 비록 큰 회사는 아니더라도 명색이 꽤 규모가 있는 광고회사의 중역이다. 나이도 마흔이 훌쩍 넘었다. 다른 업종의 회사 같으면 궂은일은 면할 입장이다. 그러나 광고회사는 사정이 좀 다르다. 중역이라고 해서 실무의 뒷전에 물러나 있을 수는 없는 일이다. 일선의 실무자와 다를 바가 없다.

지난밤을 홀딱 새웠는지 유종상은 정신없이 잠들어 있었다.

책상 위에 어지럽게 흩어져 있는 스케치와 재떨이에 수북이 쌓인 담배꽁초들이 마치 격렬한 전쟁을 치른 뒤끝처럼 어지러웠다. 작지 않은 덩치에 소파에서 쪼그리고 자는 모습을 보고 있노라니 한편으론 웃음도 나고 또 다른 한편으론 측은하기까지 했다.

유종상의 취미는 낚시이다. 어쩌다 시간을 내어 즐기는 정도가 아니라 민물이건 바다이건 물고기와 관련된 지식에 전문가적인 식견이 있다. 그리고 평소에도 물고기와 관련된 그림이나 소품 등을 열심히 수집하고 있다.

오죽하면 광고에서 은퇴를 한 후엔 그동안 수집한 소품들로 실내를 장식한 카페를 여는 것이 꿈이라고 할 정도이다. 물론 농담이지만 그 정도로 물고기 마니아이다. 그래서 그의 방은 어류와 관련된 기념품을 파는 조그만 가게와도 같다. 자그마한 서류 집게로부터 벽에 걸린 포스터까지 온통 물고기 모양이 아닌 것이 없다. 그 안에서 등을 잔뜩 구부린 채 자고 있는 모습을 보자니 영락없이 쪽배 안에서 잠들고 있는 피곤한 어부의 모습이었다. 마치 노인과 바다의 한 장면과도 같았다.

나는 광고란 것이 낚시질과 같다는 생각을 자주 한다.

광고주를 영입하는 것도 낚시질이요 소비자를 설득하는 것도 낚시질이다.

낚시란 미끼와 바늘만으로 되는 것이 아니다. 무엇을 낚을 것이냐에 따라 미끼를 선택해야 하고 물때도 보아야 한다. 그리고 낚시를 드리울 포인트를 잘 골라야 한다. 그뿐만이 아니다. 언제 낚시 줄을 당겨야 할지를 결정하는 예민한 감각과 판단력이 있어야 한다.

광고도 마찬가지이다. 무작정 광고를 한다고 효과가 있는 것은 아니다. 물고기 한 마리를 낚아 올리는 데도 여러 가지 생각이 필요한데 하물며 광고를 하면서 기분대로 할 수는 없는 것이다. 광고도 전략이 있어야 하고 테크닉이 있어야 하며 냉철한 상황 판단과 결단이 필요하다.

광고를 하는 사람들은 언제나 두 가지 꿈을 꾼다.

어떻게 하면 좋은 광고주를 낚을 수 있는가가 첫 번째 꿈이고 어떤 광고를 만들어야 소비자를 잘 설득할 수 있는가가 두 번째 꿈이다.

소도 비빌 언덕이 있어야 하듯 광고주가 없는 광고인이란 어쩐지 비어 있는 낚시 바구니를 볼 때처럼 처량하기 짝이 없다. 그래서 새로운 프레젠테이션이 있을 때마다 광고를 하는 사람들은 필사적이다. 무슨 일이 있어도 경쟁에서 싸워 이기려고 한다. 빈 바구니에 월척의 물고기를 채우려는 낚시꾼의 집념을 가지고 달려드는 것이다.

그러나 설혹 그런 경쟁에서 이겼다고 해서 모든 일이 끝나는 것은 아니다. 소비자가 관심을 갖고 설득될 수 있는 광고를 만들어서 광고의 효과를 증명해야 한다. 그렇지 않으면 다 잡았다 싶었던 광고주도 순식간에 낚시 줄을 끊고 손안에서 빠져나간다. 놓친 고기는 언제나 크게 보인다. 두고두고 후유증이 남아 다른 일에도 영향을 끼친다. 그런 일을 서너 번만 겪으면 갑자기 기가 팍 꺾이고 매사에 자신이 없어진다.

아마도 유종상이 유달리 낚시를 좋아하는 것도 낚시와 광고가 가지고 있는 유사성 때문인지도 모른다.

곤히 자고 있는 유종상의 입가에 잔뜩 힘이 들어가 있었다. 아마도 꿈을 꾸고 있는 모양이었다. 모르긴 몰라도 그는 고래의 꿈을 꾸고 있을 것이다. 비록 몸은 쪼그려 새우잠을 자고 있을망정 꿈속에서는 망망대해를 헤쳐 가며 고래의 뒤를 쫓고 있을 것이다. 그래, 꿈에서라도 고래를 잡아 보시게.

자칫 유종상의 꿈이 깰까 신경이 쓰여 조용히 문을 닫아 주었다.

눈사람 만들기

겨울철이 되면 TV 광고에 자주 등장하는 캐릭터가 있다. 눈사람이다. 금년에도 파리 바케트와 올림푸스 광고에 눈사람이 나왔다.

나는 눈사람이야말로 인간이 만들어낸 가장 뛰어난 캐릭터 중의 하나라고 생각한다. 동서양을 막론하고 눈사람만큼 특별하면서도 쉬운 캐릭터가 많지 않다.

눈사람은 우선 그 구성이 매우 단순하다. 크고 작은 동그라미 두 개를 겹쳐 놓고 얼굴 부분에 간단한 선 세 개만 그려 놓으면 눈사람이 된다. 조금 신경을 써서 멋을 부린다 해도 목 부분에 붉은 머플러를 걸쳐 놓거나 머리 위에 간단한 모자 하나 얹어 놓으면 충분하다. 생김새가 간단하니까 그림 솜씨가 뛰어난 사람이 그린 눈사람이나 초등학생이 그린 눈사람이나 별로 차이가 나지 않는다.

게다가 눈사람을 보고 느끼는 감정 역시 언어가 다르고 문화가 달라도 만국 공통이다. 나이와도 관계없다. 눈사람을 보면 언제나 깨끗하고 다정한 느낌이 든다. 마치 귀여운 아기나 동물들을 보고 느끼는 감정과 비슷하다. 게다가 이미지의 통일감이 있고 어린 시절의 아련한 향수가 담겨 있다. 그래서 광고에서도 인기가 있는 캐릭터이다.

눈사람은 처음에는 한 줌의 눈덩이로부터 시작된다. 그것이 한 번 구르고 두 번 구르는 동안 몸집이 점점 커져 간다. 물론 구르는 동안 작은 돌멩이도 섞이고 흙도 섞인다. 그러면서 덩치가 커지고 모양이 다듬어진다.

나는 사람의 관계라는 것도 눈사람을 만드는 것과 크게 다르지 않다고 생각하고 있다. 사람의 인연이란 것 역시 작은 것으로부터 시작하여 세월과 함께 구르는 동안 눈사람처럼 커진다. 그 과정에서 눈 속에 돌과 흙이 섞여 들어가듯 갈등과 기쁨도 함께 쌓여 간다.

사람 사이에 좋은 관계만을 고집하면 오히려 오래 가지 못한다. 물론 미운 감정만을 가지고 오래 갈 수는 더더욱 없다. 사람의 관계란 미움과 사랑이 함께 쌓여 가는 것이다.

나이가 들수록 주변에 사람들이 많이 모이는 이들이 있다. 세월이 가면서 마치 눈덩이가 커지듯 사람들이 모이는 것이다. 물론 그 사람이 가지고 있는 조건, 예를 들어 돈이 많다든가 사회적 지위가 높아서 무엇인가 쓸모가 있다고 생각되어 사람이 모이는 경우도 있다. 그러나 그렇게 모인 사람들이란 추수가 끝난 뒤에 날아가 버리는 참새와 다를 바 없다. 먹을 것이 없으면 사라지는 사람들이기 때문에 어차피 오래 가지 못한다.

사람들에겐 동류의식이 있어서 아무래도 비슷한 취향을 가졌거나 비슷한 환경의 사람들을 자주 만난다. 아니면 특별한 이해관계가 있어서 만나기도 한다. 그런데 흔히 인복이 있다는 사람들을 보면 다양한 사람들이 주변에 모여든다. 그런 사람들을 살펴보면 대부분 성격이 원만하고 행동에 모가 나지 않았다는 공통점이 있다. 마치 물과도 같은 부드러움이 있다. 물은 어느 그릇에 담아도 빈 곳이 없이 딱 들어맞는다. 그러나 같은 물이라도 일단 얼음으로 만들면 애초에 넣어두었던 용기 이외에는 맞는 것이 없다.

사람의 관계란 것도 그런 것이 아닌가 싶다. 자신에게 맞는 사람만을 고집한다면 아무래도 인생이 편협해지기 쉽다. 그보다는 생각과 태도를 물처럼 유연하게 갖는다면 다양한 사람들과 좋은 관계를 유지하는 데 별 문제가 없을 것이다. 만약 그런 사람을 그야말로 물로 보는 사람이 있다면 그때 가서 판단해도 늦을 것이 없다.

광고를 한다는 것은 수많은 인생과의 교감이다. 그러자면 폭넓은 인간관계를 가져야 한다. 자기의 스타일이 아니라고 해서 멀리하거나 자기 취향에 맞는 사람들하고만 만나면 인생의 폭이 좁아진다. 당연히 광고의 폭도 좁아진다.

박카스 광고에 이런 것이 있었다. 한 남학생이 버스를 탄다. 한 쪽에는 친구가 있고 또 다른 한 쪽에는 예쁜 여학생이 앉아 있다. 이리 앉을까 저리 앉을까 잠시 망설이다가 여학생 옆에 끼어 앉는다. 그리고 던지는 한마디!

"젊음이란 흔들리면서 중심을 잡는 거야."

꼭 젊은 사람만이 아니더라도 사람의 마음이란 마치 흔들리는 시계추와 같다. 같은 사람을 놓고도 어느 때는 좋아졌다가 또 어느 때는 미워지기도 한다. 애정과 미움이 교차하는 것이다. 짙은 애정은 편견을 낳고 짙은 미움도 편견을 낳는다. 그 사이에서 흔들리다가 중심을 잡는 것이다. 흙이 섞였다고 해서 굴리기를 멈추면 눈사람을 만들 수가 없는 것과 같이 사람의 관계 역시 이런저런 허물을 덮어 가면서 쌓아 가지 않으면 만들 수가 없는 것이다.

나는 광고 하는 사람들의 가장 큰 재산이란 사람이라고 생각한다. 이따금 젊은 후배들로부터 어떻게 하면 광고를 잘할 수 있는지 질문을 받는 경우가 있다. 근 20년 전에 나도 똑같은 질문을 일본의 도후쿠신샤(東北神社) 중역이었던 이마이란 사람에게 해 본 적이 있다. 그는 지금까지도 친구처럼 지내는 사람이다.

그때 그가 딱 하나 꼽은 것이 있었다.

"사람."

사회생활을 하면서 우리는 늘 새로운 사람을 만난다. 같은 직장에서 만나는 경우도 있고 일을 함께 하다가 알게 되는 경우도 있다. 아니면 연줄연줄 인연이 닿아 우연히 만나기도 한다. 어떻게 만나든 간에 될 수 있는 대로 많은 사람들과 좋은 관계를 많이 만들라고 그는 내게 충고를 해 주면서 구체적인 방법까지 이야기해 주었다.

첫째가 남의 일에 축하를 많이 해 주라는 것이었다. 아는 사람 본인의 결혼은 물론이거니와 자녀의 결혼 또는 출산이라든가 좀더 좋은 집으로 이사를 하는 경우, 또 직장에서의 승진 등 조금만 관심을 가지고 보면 주변에 의외로 축하해 주어야 할 일이 많다. 그럴 때 진심으로 축하를 해 주면 상대는 두고두고 호감을 갖게 된다.

그가 이야기한 축하의 방법은 거창한 것이 아니었다. 남들의 경사에 간단한 축전이나 또는 가벼운 꽃다발 같은 것을 보내는 것 정도였다.

일본에도 우리의 추석과 같은 명절인 오봉이란 것이 있다. 우리의 추석이 가을에 있는 데 비해 일본의 오봉은 한여름철이다. 그 무렵이 되면 일본 사람들은 서로 작은 선물들을 주고 받는다. 비단 개인뿐만 아니라 회사 같은 데서도 평소에 신세를 진 거래 고객들에게 선물을 하는 것이 우리의 추석 풍습과 다를 것이 없다. 그런데 그의 회사에서는 오히려 오봉 때는 선물을 하지 않는다고 한다.

"생각해 보게, 의례적인 여러 가지 선물 속에 끼어 있어서야 받는 사람에게 무슨 의미가 있겠어? 아마 보낸 줄도 모를 거야. 하지만 나도 잊고 있는 결혼기념일에 당신이 꽃다발이라도 하나 보낸다면 오봉 때 받는 흔한 선물과 비교가 되겠어? 아마 평생 잊지 못할걸."

그의 이야기를 듣고 있으면서 다소 영악스럽다는 생각이 들기는 했지만 미상불 맞는 말이라는 생각이 들었다.

마음에 없는 선물이란 받으면서도 어쩐지 허전한 느낌이 든다. 하다못해 연하장을 받으면서도 사인만 달랑 있는 것보다는 짧지만 한마디쯤 마음이 담긴 글이 있으면 가슴이 훈훈해지는 것이 사람의 마음인데 하물며 개인적인 일에 마음을 담아서 보낸 선물에 무심할 사람은 없을 것이다.

확신을 가지고 그는 내게 강조했다.

"중요한 건 내가 관심을 보이면 상대도 틀림없이 내게 관심을 보인다는 것이지."

두 번째로 그가 이야기한 것은 남의 불행을 그대로 넘기지 말라는 것이었다. 살다 보면 주변에서 사고를 당한다거나 건강이 좋지 않아 병원에 입원을 하는 사람들이 있게 마련이다. 때로는 사랑하는 사람을 영원히 떠나보내는 아픔을 겪는 사람도 있다. 그런 불행을 당한 사람들에게 진심으로 위로하는 마음이 필요하다는 것이었다. 그러면서 그는 내게 물었다.

"아는 사람이 상을 당했을 때 보통 몇 번이나 찾아가는데?"

물론 일정치가 않다. 아주 가까운 친척이나 친구일 경우에는 상이 끝날 때까지 매일 가는 경우도 있지만 그것은 매우 특별한 경우이고 보통은 그저 한 번 정도 찾아간다. 왜 그런 것을 묻는지 알 수 없는 표정으로 그를 바라보았더니 그 이유를 설명해 주었다.

"한 번만 찾아가면 당연하다고 생각하지만 두 번을 찾아가면 특별한 배려라고 생각해서 몇 배나 더 고마워하게 되거든."

일본 벳부로 가는 길.
손님이 없어서 그랬는지 소바를 먹고 난 뒤에도 가슴이 허전했다.

그러면서 그는 의미 있는 농담을 했다.

"부의금이나 위로금을 더 많이 내는 사람은 있지만 남의 불행에 두 번 이상 찾아가는 사람은 많지 않거든. 훨씬 경제적이야."

아닌 게 아니라 나도 비슷한 경험을 한 적이 있다. 잘 아는 후배가 모친상을 당했다고 해서 문상을 간 적이 있다. 3일장이니 한번 정도 가는 것이 당연한 일이다. 그러나 마침 그 후배를 잘 알고 있는 내 친구가 나와 시간이 맞지 않아서 다음날 그 친구와 다시 한번 상가를 들르게 되었다. 나야 특별한 생각을 가지고 그런 것이 아니라 형편이 그래서 두 번을 찾았을 뿐인데 그 후배가 너무 고마워해서 오히려 내가 당황스러울 정도였다.

대개 사람의 마음이란 비슷해서 좋은 일에는 자주 얼굴을 내밀고 싶어도 남의 일일망정 불행한 일에는 어쩐지 자리를 피하고 싶어진다. 그러나 뒤집어서 생각하면 정말로 위로가 필요할 때 자주 찾아주는 사람이야말로 당사자의 입장에서는 고맙기 그지없을 것이다.

세 번째로 그가 말한 것은 남의 말을 잘 들어주라는 것이었다. 남의 말을 듣는 것에 관해서는 나는 자주 아내에게 야단을 맞는다. 일을 전보다 활발히 하지는 않는다고 해도 아직까지는 매일 아침 출근을 하고 또 귀가 시간도 늦는 날이 많아서 나는 아내와 자주 이야기를 하지 못하는 편이다. 그러다 보니 아내와 이야기할 기회란 것이 아침 식탁이 아니면 어쩌다 일찍 들어가서 TV를 켜 놓고 차라도 한잔 마실 때이다. 그럴 때, 아내는 이것저것 열심히 이야기를 하는 편이지만 나는 대체로 딴 생각을 하며 적당히 듣는 시늉만 한다. 그러다 내가 귀담아 듣지 않는다 싶으면 아내가 내 얼굴을 빤히 쳐다보며 묻는다.

"그래서 당신 생각은 어떤데?"

당연히 대답을 할 수 없다. 제대로 듣지 않았기 때문이다. 그럴 때마다 아내는 노골적으로 불쾌해 한다.

"당신, 밖에서도 남의 말을 그렇게 건성으로 들어요?"

가슴이 뜨끔해진다. 전혀 아니라고 대답을 할 수 없기 때문이다. 요즘 들어 딱히 중요한 일이 아니라면 남의 말을 건성으로 듣는 경우가 부쩍 많아졌다고 나 스스로가 느끼고 있다. 가장 가까운 아내마저도 불쾌해 하는데 남이야 더 말할 나위가 없다. 한두 번 말을 해 보다가 듣지 않는다 싶으면 입을 닫아 버린다. 그렇게 되면 그 사람과의 관계는 그것으로 끝이다.

그러나 아무리 사소한 일이라도 상대의 이야기를 진지하게 들어주면 점점 더 마음속의 이야기를 하게 되고 마침내는 남들이 모르는 비밀 이야기까지 나누는 사이가 된다. 그런 이야기가 모여서 마치 눈사람이 커지듯 가까운 사람이 하나 더 느는 것이다.

마지막으로 그가 이야기한 것이 전화를 자주 하라는 것이었다. 서로 바쁜 세상을 살다 보면 아무리 가까운 사이라도 자주 만나고 살수 없게 마련이다. 특히 광고주의 경우는 함께 일을 할 때는 만날 일이 많지만 일단 일이 끝나면 어쩔 수 없이 소원해진다. 그 상태로 한

두 달 지나면 새삼스럽게 연락하기도 거북해지고 마음도 멀어져서 인연이 아주 끊기게 된다. 그러기 전에 이따금 전화라도 하면 그것이 빌미가 되어 1년에 한두 번이라도 만날 기회가 생기고 그런 상태가 오래되면 자연스럽게 친구가 된다는 것이었다.

그러고 보니 나도 그런 일이 많았다. 함께 일을 할 때는 하루가 멀다 하고 연락도 하고 만나던 사람을 일이 끝나면서 사람도 함께 떠나보낸 경우가 너무 많았다. 이따금 문득 생각이 나서 연락을 할까 생각을 해 보다가도 혹시 오랜만에 전화를 하면 일이라도 부탁하는 것으로 오해를 하지 않을까 두려워서 그만둔 경우가 한두 번이 아니었다.

그의 결론은 사람들에 대한 작은 관심이었다. 사람의 마음을 얻기 위해서는 천금의 재산보다도 상대에 대한 작은 관심이 더욱 효과적이라는 것이다.

그의 말을 듣고 보니 그런 정도야 그가 일깨워 주지 않아도 나 역시 진작 알고 있는 것이었다. 그러나 문제는 그 간단한 원리를 실천하느냐 못 하느냐에서 차이가 난다. 생각해 보니 나는 그러지 못했다.

어차피 광고 일이란 것이 사람의 일을 다루고 사람과 함께 하는 것이다. 모든 길이 사람 속에 있는 것이다. 그래서 누군가가 광고를 잘하는 방법을 물으면 나는 망설임 없이 사람을 중요하게 생각하라고 이야기한다. 그러면서도 막상 나 자신은 일을 하는 동안 정작 중요한 사람은 보지 못했다는 뒤늦은 후회를 하곤 한다.

광고에 나오는 눈사람의 캐릭터를 보는 동안 왠지 내 주변이 허전한 느낌이 들었다. 그래서인지 배경 음악으로 나오는 크리스마스 캐럴까지 서글프게 들렸다. 아, 또 이렇게 사람들에게 잊혀 가면서 속절없이 한 해가 가는구나.

주인 없는 술 한 잔

강의가 좀 일찍 끝난 날이었다. 대개 6시경에 강의가 끝나기 때문에 특별한 약속이 없으면 집으로 곧바로 가곤 했는데 그날은 좀 이른 것 같아 사무실로 다시 들어온 참이었다. 막 가방을 놓고 의자에 앉으려고 하는데 전화가 왔다.

최종원이었다. 꽤 오랫동안 서로 연락이 없이 지내왔기 때문에 다소 의외였으나 목소리를 듣는 것만으로도 너무 반가웠다.

"아니, 이거 몇 년 만이야?"

"오래됐죠?"

그러고 보니 그를 못 만난 지 어느새 6년이 되었다. 생각으로는 얼마 되지 않은 것 같은데 어느새 세월이 그렇게 지나가 버렸다. 그에게 신세도 많이 지고 한동안은 1년에 몇 달씩 붙어다닌 사이건만 일을 할 기회가 없어지면서 만날 기회가 별로 없었다. 몸이 멀어지면 마음도 멀어진다고 하더니 그동안 전화 한 통 못한 것이 나 역시 세상인심과 다를 바 없이 산다는 생각이 들어서 전화를 받으면서도 줄곧 민망했다.

"미안해, 그동안 연락 좀 했어야 되는데 차일피일 하다 이렇게 됐네."

그러자 그는 사람 좋은 웃음을 낄낄거리며 말했다.

"피차 마찬가지 아닙니까? 그래서 얼굴 좀 보려고요."

만약 그가 만나자는 소리를 안 했으면 내가 그럴까 하던 참이었다.

"좋지, 언제 만날까?"

그랬더니 그의 대답이 의외였다.

"쇠뿔은 단김에 뺀다는데 오늘은 어떠세요?"

"오늘?"

느닷없이 전화를 걸어 당장 만나자는 것이 다소 뜻밖이어서 되물었더니,

"사실은요, 오늘 윤석태 씨와 연락할 일이 있어서 전화를 했더니 옛날 생각난다면서 당장 한번 뭉치자는데요. 아무래도 갑자기 연락해서 오늘은 어렵겠죠?"

마침 별다른 약속이 없던 참이었다.

그날 우리는 을지로 입구의 복잡한 생맥주 집에서 만났다.

CF 감독이었던 윤석태, 광고회사의 PD였던 최종원, 롯데 칠성의

마케팅 담당이었던 조재훈, 그리고 나까지 네 명이었다.

비록 몸담고 있는 회사는 달랐지만 과거에 우리는 한 팀이었다. 그것도 아주 죽이 잘 맞아 꽤 큼직한 사고들을 곧잘 친 팀이었다. 따봉으로 유명한 델몬트 주스라든가, 광고에서는 처음으로 백두산까지 가서 찍은 칠성사이다, 콜롬비아의 오지에서 찍은 렛츠 비 커피 등 기억에 남는 일을 꽤 많이 했었다.

그러다 보니 주문한 생맥주가 채 오기도 전에 우리의 화제는 자연히 10년 전으로 되돌아가 있었다.

남자들이 모인 자리에서 여자들이 제일 싫어하는 이야기가 군대 이야기라고 한다. 어쩌다 한두 번 듣는 것이 아니라 똑같은 이야기를 계속 들어야 하기 때문이다. 그러나 사실은 똑같은 이야기가 반복되는 것이 아니다. 남자들의 군대 이야기란 할 때마다 자신도 모르게 약간씩은 부풀려져서 늘 새로운 얘기로 각색이 되기 때문에 본인들은 전혀 지루하지가 않은 것이다.

그날의 우리의 화제가 그랬다. 아무리 고개를 돌려 보아도 사방 천지 지평선까지 온통 오렌지 밭이었던 브라질에서의 황당했던 기억이며 이따금 반군이 출몰한다는 콜롬비아 시골길에서의 긴장들이 약간은 과장되어 떠올랐다. 모두가 다 잘 알고 있는 일들이었다. 그럼에도 불구하고 잠시나마 그때로 되돌아간다는 사실이 그렇게 즐거울 수가 없었다.

수다는 여자들만의 것이 아니었다. 아마도 누군가 옆에서 우리를 주의 깊이 살펴보았다면 여자들의 수다와 별반 다르지 않았을 것이다. 맥주 한 모금에 수다 한바탕을 안주로 삼아 우리는 몇 잔의 생맥주를 기분 좋게 마셨다.

그러다 문득 우리의 화제가 칠성사이다에 이르렀을 때 누가 먼저랄 것 없이 갑자기 모두 입을 닫았다. 그러고 보니 우리 팀에 한 명이 빠져 있었다. 강정문이었다. 그는 그 무렵 대홍기획의 이사였다. 그 후 대표가 되었다가 어느 날 홀연히 우리 곁을 영원히 떠나간 사람이다.

특히 나는 그와는 남다른 인연이 있었다. 나의 첫 직장이었던 동아방송에서 내가 PD로 일하고 있을 때 그는 방송 뉴스부의 기자였다. 머리가 좋았을 뿐 아니라 성격이 곧고 깨끗해서 흔한 말로 촉망을 받는 기자였다. 아마 세상이 평탄해서 계속해서 그 길로 갔더라도 크게 성공을 했을 사람이다. 그러나 언론 자유 투쟁에 앞장섰다가 동아일보로부터 해직된 이후 롯데제과의 광고부를 거쳐 대홍기획의 이사로 재직하고 있었다.

아마도 그와 같은 든든한 후원자가 없었다면 우리는 당시로서는 무모하다 싶을 정도의 광고를 만들겠다는 꿈을 꾸지 못했을 것이다. 그는 이 길이다 싶으면 무슨 수를 써서라도 광고주를 설득해냈다. 그리고 그 일의 결과에 대해서는 철저하게 책임을 졌다.

칠성사이다를 찍을 때였다.

칠성사이다를 백두산 천지에서 찍어 보면 어떨까라는 이야기가 나올 때만 해도 아무도 그것이 가능하리라고는 생각하지 못했다. 당시만 해도 중국과는 정식 국교도 없었고, 특히 백두산이란 지역은 정치적으로 매우 민감한 곳이었다. 그러나 그는 여러 차례 중국을 드나들며 백두산에서의 촬영 허가를 얻어냈다. 그만큼 배짱과 뚝심이 있었다.

광고의 성공 여부를 떠나 당시에 백두산에서 광고를 촬영한다는 것 자체만으로도 화제가 될 만한 일이었다.

그의 집념 때문에 감복했는지 몰라도 1년 내내 구름에 가려 있다는 천지도 촬영 기간에는 투명할 정도로 맑고 깨끗했다.

"어디까지가 하늘이고 어디까지가 천지인가."

모델이었던 작가 김주영 씨는 두 손 가득히 천지 물을 담아 올리며 감격에 겨워했고 감독인 윤석태는 하늘을 향해 큰 절을 올리면서 눈물을 펑펑 쏟았다.

점점이 높은 구름이 떠 있는 천지를 비롯해서 하늘 끝에서 떨어지는 장백폭포와 수줍은 듯 숨어 있는 소천지 등 백두산 구석구석을 뒤져 가며 여러 편 분량의 광고를 찍었다. 촬영이 끝날 때까지는 모든 것이 순조로웠다.

그러나 귀국하기 전날 밤, 느닷없이 중국의 공안들이 호텔로 들이닥치더니 촬영이 끝난 필름을 압수해 갔다. 청천벽력이었다. 중앙 정부에서 발행한 촬영 허가서를 보여 주어도 막무가내였다. 한술 더 떠 바로 떠나지 않으면 사람들까지 억류하겠다고 으름장을 놓았다. 눈앞이 아뜩하고 억장이 무너지는 일이었지만 도리가 없었다.

백두산 장백폭포 가는 길.
그날, 하늘이 유난히 깨끗했다.

촬영이 끝난 필름을 빼앗긴 채 귀국한 최종원의 어깨를 툭 치며 강정문은 투박한 경상도 말투로 이렇게 말했다고 한다.

"됐다. 수고했다. 필름은 내가 찾아올끼다."

그런 식이었다. 일을 하기 전엔 지나치다 싶을 정도로 닦달을 하다가도 일단 최선을 다했다 싶으면 군말을 하지 않았다.

그리고 6개월 뒤, 그는 약속대로 필름을 찾아다 주었다.

필름이 현상이 되어 백두산의 그림이 우리 눈앞에 떠오르는 순간, 더운 여름철에 혹시 필름이 상하지 않았을까 노심초사하던 모든 스태프들은 서로 얼싸안고 눈물을 글썽거렸다. 칠성사이다를 마실 때보다도 더 가슴이 시원하고 개운했다. 그때도 강정문은 빙긋이 웃고만 있었다.

우리는 한동안 말없이 맥주잔을 기울였다. 그리고 잔이 비었을 때 누군가가 말했다.

"여기 맥주 다섯 잔."

무슨 뜻인지 모두 알았다. 한 잔은 그 자리에 없는 강정문의 몫이었다.

주인 없는 맥주 한 잔을 우리는 서로 돌려가며 마셨다.

이미 시끄럽게 떠들던 기분은 저만큼 사라져 버렸다. 그저 묵묵히 잔을 비우다가 또 다섯 잔을 시키고, 그리고 남은 잔은 나눠 마셨다. 몇 번인가 그렇게 주인 없는 술을 시키면서 우리는 제법 여러 잔의 생맥주를 마셨다.

아무도 입을 열어 말하지는 않았지만 그가 아직도 우리 곁에 살아 있다면 지금보다는 좀더 자주 만나며 살 것이라는 생각은 똑같았다.

그는 우리 팀의 영원한 왕초였다.

한단 걸음

유종상이 칸 광고제에 다녀오면서 내게 예쁘게 포장된 선물을 하나 주었다.

펴 보니 수채화 물감이었다. 단순히 물감만이 아니라 금속제 케이스를 독특하게 만들어서 펼치면 팔레트를 겸해서 쓸 수 있는 것이었다. 크기도 긴 지갑 정도여서 점퍼 주머니 같은 데 넣고 다녀도 될 만했다.

모양도 예쁘고 실용성이 꽤 있어 보여서 좋아했더니 유종상은 일부러 가격표를 뜯지 않았다고 너스레를 떨었다. 살펴보니 아닌 게 아니라 값이 제법 나갔다.

유종상이 수채화 물감을 선물한 것은 내가 요즘 그림 그리기에 관심이 있다는 것을 알고 있기 때문이다.

지난 5월에 집사람과 이집트를 여행하면서 참참이 연필 스케치를 한 적이 있다. 특별히 썩 잘 그리는 그림은 아니지만 그저 사진만 찍기가 허전해서 큰마음을 먹고 스케치북을 한 권 들고 떠났다. 그러면서도 바쁜 여행의 스케줄 때문에 한가하게 스케치를 할 시간이 있을까 미심쩍었는데 마침 그곳의 기후가 초여름으로 접어드는 때여서 한낮의 기온이 40도를 넘나들었다. 그 바람에 아침저녁으로만 관광을 하고 한낮에는 나일 강의 배 위에서 시간을 보낼 때가 많아서 제법 여유있게 주변 풍광을 스케치 할 수 있었다.

귀국한 뒤에 그 그림 몇 장을 유종상에게 보여 주었더니 그때 아마 마음속에 작정을 해 두었던 모양이다. 칸에까지 가서 잊지 않고 수채화 물감을 사다 주었다.

"나보고 수채화를 그리라고?"

마음 씀씀이가 고맙고 또 물감 통이 하도 예쁘고 마음에 들어서 한마디 했더니 유종상은 바로 물감을 풀어 붓을 쓰는 시범을 내게 보여 주었다.

"한번 그려 보세요, 아마 재미있을걸요."

그래서 여행 중에 그린 스케치 그림 위에 색을 입혀 보니 아닌게 아니라 연필로만 그렸을 때보다는 깜짝 놀랄 정도로 느낌이 달랐다. 그림에 훨씬 생기가 돌고 나름대로 개성이 생기는 것 같아 제법 재미가 있었다.

그렇게 시작한 수채화 그림을 시간이 날 때마다 꽤 여러 장 그렸다.

그런데 말을 타면 경마를 잡히고 싶다고 여러 장 연습 삼아 그리다 보니 은근히 더 잘 그리고 싶은 욕심도 생기고 또 웬만한 수준이 되면 가까운 사람들에게 한 장씩 선물을 해 주어도 괜찮겠다는 생각이 들기 시작했다. 그래서 어느 날 작정을 하고 서점에 가서 수채화에 관한 책을 여러 권 사 들고 왔다.

그 후로 수채화에 관한 기법에 대해서 읽기도 하고 책에 있는 그림을 본떠 모사를 해 보기도 했다. 그런데 이상한 것은 그렇게 연습을 하면 할수록 그림이 늘기는커녕 점점 더 어려워지고 내 마음에도 들지 않는 것이었다. 그리다가 찢고 그리다가 찢기를 여러 차례 하면서 비싼 종이만 여러 장 없앴다.

처음에는 그 이유를 알 수가 없었다. 그 새 내 안목이 높아졌는가 생각해 보기도 하고 아니면 욕심이 많아져서 그런가 보다 싶기도 했다.

그러다가 문득 한단 걸음이라는 말이 생각이 났다.

한단지보(邯鄲之步)는 『장자』의 「추수(秋水)」에 나오는 말이라고 한다. 한단 지방의 사람들의 걷는 모습이 아름답다고 해서 연(燕)나라의 한 청년이 그 걸음걸이를 배우려고 갔다가 제대로 배우지도 못하고 본래의 걷는 법도 잊어버려서 기어서 고향으로 돌아갔다는 고사에서 비롯된 말이다. 이 말은 제 본분을 잃고 함부로 남의 흉내를 내다가는 제가 가진 것마저 잃는다는 것을 경계할 때 흔히 쓴다.

내가 꼭 그 꼴이었다. 내 느낌대로 색을 고르고 내 생각대로 붓질을 했을 때는 그런대로 마음에 들었는데 기초도 없는 상태에서 남의

이집트 카이로 타워.
나일 강 위로 긴 그림자를 띄우고 있었다.

K. Woo

그림 흉내를 내려다보니 내 느낌도 없어지고 남의 기교도 좇아갈 수 없었던 것이다. 당연히 그림이 마음에 들지 않을 수밖에 없다. 그래서 백화점에서 운영하고 있는 수채화 교실이라도 나가 볼까 싶은 생각이 들어 유종상에게 넌지시 이야기를 꺼냈더니 의외로 펄쩍 뛰며 반대를 했다.

"지금부터 그림 그려서 화가가 될 생각이에요?"

물론 당연히 아니다. 그저 짬짬이 시간이 날 때 꽤 괜찮은 취미가 될 것 같아 그림을 그리려고 하는 것이다.

"지금부터 배우려고 하면 스트레스가 또 하나 생기니까 되는 대로 그냥 그리세요. 그림이라는 게 배운다고 쉽게 느는 게 아니니까 그저 편한 대로 그리세요."

그 말을 들으면서 나는 어느 주간지에서 읽었던 김기덕 감독의 인터뷰를 생각했다. 그는 초등학교를 졸업한 이후에 정상적인 교육을 받지 못한 사람이다. 그 사실은 본인이 기회가 있을 때마다 자주 이야기를 해서 알 만한 사람이면 다 아는 일이다. 요즘처럼 학벌을 따지고 집안을 따지는 세상에서 매우 특이한 이력을 가진 사람이다.

그는 어린 시절부터 농사일, 공장일 등 온갖 궂은일을 하면서 세상을 배웠고 한때는 달랑 비행기 표 한 장만 들고 파리에 가서 그림을 배우려고 했다고 한다. 물론 그가 그림을 배운다고 해서 그럴싸한 미술학교에 들어가 정식으로 미술 교육을 받은 것은 아니다. 그저 미술관과 전시장을 혼자 돌아다니며 남의 그림을 보는 것이 그의 그림 공부의 전부였다고 한다. 그리고 내린 결론은 그림이란 것은 수많은 사람들이 이것저것 다 했기 때문에 자신이 그려야 할 그림이 무엇인지 찾을 수 없었다는 것이었다.

그래서 그는 그림을 포기하고 영화를 만들기 시작해서 요즘은 세계적으로 주목을 받는 작가적 감독이 되었다. 그의 성공에 대해서 그는 스스로 학교라는 제한된 틀 속에 갇히지 않고 맨몸으로 이 세상의 철학을 경험했기 때문에 획일적인 교육을 받은 사람들보다도 오히려 의식적인 지평이 더 넓어졌기 때문이라고 이야기하고 있다.

물론 나는 김기덕 감독과 같은 예술적 소양이라든가 열정을 가지고 있는 사람은 아니다. 그리고 취미 삼아 그려 보고자 하는 그림에 대단한 의미를 붙일 생각도 없다. 다만 한 가지, 김기덕 감독의 경우처럼 틀에 갇히지 않고 생각이 자유로울 필요가 있다는 생각은 들었다. 아닌 게 아니라 그림을 정식으로 배우면 이것저것 지켜야 할 것도 많을 것이요, 쓸데없이 남과도 비교해야 할 일이 생길지도 모르는데 그것이야말로 덧없는 짓일 것이다.

그래서 나는 결심했다. 어차피 내 스스로의 즐거움을 위해서 그리는 그림이라면 그 내용이 아무려면 대수이겠는가. 어설프게 한단의 걸음을 흉내낼 것이 아니라 비록 볼품은 없더라도 내 느낌대로 그리겠다고 생각하니 마치 큰 깨달음이라도 얻은 듯이 마음이 편안했다.

오래전에 패션모델 일에 종사하는 사람과 저녁을 먹은 적이 있다.

자연히 그날의 화제는 어떻게 해야 옷을 잘 입을 수 있는지에 대한 것이었다. 특별한 비결이 있는가 싶어 잔뜩 긴장을 하고 듣고 있는데 그의 대답이 너무 평범했다.

"간단해요. 자기 몸을 알고 입는 것이지요."

그의 말에 의하면 옷을 잘 입는 사람들에 대해서 우리가 잘못 알고 있는 사실 중의 하나가 그들이 특별히 뛰어난 유행 감각을 가지고 있다든가 또는 고가의 옷을 입고 있다고 생각한다는 것이다. 물론 그런 것을 무시할 수는 없지만 그것보다 더욱 중요한 것이 그 옷이 과연 자신의 몸에 잘 어울리는 것인지를 먼저 알아야 한다는 것이다.

그의 말을 듣고 보니 아닌 게 아니라 엄청나게 비싼 옷을 입고 있어도 왠지 어울리지 않는 사람들이 의외로 많다는 생각이 들었다. 오히려 유명 브랜드이기 때문에 더욱 천박하게 보이는 경우도 있었다. 한마디로 그 사람과는 어울리지가 않았기 때문이다.

그의 결론은 명쾌했다.

"자신을 알라."

그 말을 듣고 보니 후회되는 일이 한두 가지가 아니었다.

내가 만든 광고 중에 속없이 남의 흉내만 낸 것이 너무도 많았다는 생각이 불현듯 들었기 때문이다.

광고에도 시대를 대표하는 유행이 있다고 이야기한다.

광고란 대중들의 감각과 기호를 근거로 해야 하는 분야이기 때문에 세상의 흐름과 무관할 수 없는 것이다. 그래서 그런지 대중적으로 크게 성공한 광고가 한 편 나오면 한동안 많은 광고가 그 뒤를 좇아간다. 그리고 그런 광고들이 모여 일종의 유행을 형성한다. 그런데 문제는 유행을 좇아가는 대부분의 광고들이 별로 빛을 보지 못한다는 점이다. 아무래도 남의 뒤를 좇아가다 보니 신선감이 떨어지고 개성이 보이지 않기 때문일 것이다.

나 역시 그런 광고를 수도 없이 만들었다. 어쩐지 유행에 뒤처져 있으면 마치 내가 시대에 뒤떨어진 듯한 느낌이 들었기 때문이다. 그러나 지금 생각해 보니 그런 광고치고 번듯하게 성공했던 기억이 하나도 없다. 흉내를 내다 보니 남들보다 더 잘 만들지도 못했고 그나마 내가 가지고 있는 특징도 없었기 때문이다.

최근에 내가 그린 그림들이 꼭 그랬다. 열심히 남들이 그린 그림을 흉내내다 보니 그나마 시원치 않은 실력에 개성마저 없어져 버린 것이다.

그래서 나는 요즘 죄 없는 종이만 축을 내고 있다. 그리다가 마음에 안 들면 찢고 또다시 그리기를 반복한다. 아마도 어느 정도 시간이 흐르면 나도 모르게 내 스타일이란 것이 생겨날지도 모를 일이다. 그렇게 그린 그림이 비록 거칠고 서툴더라도 최소한 나 자신에게는 굳이 남의 흉내를 내어 그린 그림보다는 훨씬 더 의미가 있을 것이다.

한단의 걸음을 배우느니 그냥 내 식대로 걷겠다고 생각하니 한결 그림을 그리는 과정이 편안해졌다.

뽑혀야 먹고산다

어느 날 사무실로 출근을 하는데 젊은 친구 둘이 내 방으로 쫓아 들어왔다.

"교수님 안녕하세요?"

사무실에서는 교수라고 부르는 사람이 없는데 누군가 싶어 자세히 보니 2년 전쯤에 내 강의를 듣던 제자들이었다.

"어? 웬일이야?"

그랬더니 빙그레 웃으며 이렇게 말했다.

"저희 며칠 전에 입사했어요. 자리에 안 계셔서 인사가 늦었습니다."

새로 사람을 뽑는다고 하더니 그들이 들어온 모양이었다. 특별히 힘을 써 준 것도 없는데 내가 가르친 제자가 두 명이나 입사를 했다는 것이 반가웠다.

차 한잔을 마시고 그들이 자리로 돌아간 뒤 나는 잠시 상반된 두 가지의 생각을 했다.

하나는 내가 가르친 제자가 두 명씩이나 동시에 입사를 했다는 뿌듯함이고 또 다른 하나는 앞으로 그들이 광고란 것을 하면서 얼마나 몸과 마음에 상처를 받을 것인가 하는 안쓰러움이었다.

대개의 경우 원하는 광고회사에 입사한 젊은이들은 취업이라는 치열한 경쟁을 통과한 사실만으로도 자신들의 목표가 어느 정도 이루어진 것으로 생각한다.

그러나 그게 그렇지가 않다. 사실은 광고 일을 하는 한, 평생을 벗어날 수 없는 끔찍한 경쟁이 그때부터 시작이 되는 것이다. 그 두 친구만 하더라도 같은 학교를 나왔고 입사시험이라는 경쟁의 관문을 함께 뚫고 지나왔으니까 제법 동지적인 느낌이라든가 우정 같은 것이 있을 수 있다. 소위 입사 동기라는 끈끈한 감정이 생기는 것이다.

보통 직장의 경우, 아마도 그런 감정은 평생 동안 유지될 것이다.

그러나 유감스럽게도 광고의 세계에서는 이야기가 좀 달라진다.

광고란 사람의 손을 많이 타는 직업이다. 같은 일을 하더라도 누가 하느냐에 따라 그 일의 결과가 하늘과 땅처럼 차이가 난다. 따라서 개인의 역량이 절대적인 의미를 갖는다. 광고의 이런 속성 때문에 비록 동기생이라 하더라도 일정 기간이 지나면 어느새 같은 회사 안에서도 치열한 경쟁관계가 되어 있음을 발견하게 된다. 동기생을 상대로 경쟁을 해야 한다는 것이 마음에 걸리는 일이기는 해도 어쩔 수가 없다.

광고란 출발도 경쟁이고 과정도 경쟁이며 끝맺음도 경쟁이다.

한마디로 평생이 경쟁이라고 할 수 있다. 만일 동기생이라는 이유만으로 개인적인 능력과 관계없이 똑같은 대우를 받게 된다면 어떤 현상이 벌어질 것인지를 상상하기가 어렵지 않다. 똑같은 대우를 받으면서 남들보다 더 열심히 일하고자 하는 사람은 별로 없다. 처음에야 본능적인 경쟁심 때문에 열심히 하려고 하지만 어느 정도 시간이 지나면 문득 왜 나만 고생을 하는지 억울한 생각이 든다. 그래서 남들처럼 조금씩 요령도 피우고 농땡이를 치다 보면 결국은 경쟁을 포기하게 된다. 그리고 마침내 너나 할 것 없이 똑같아지는 하향식 평준화가 되고 만다. 그러면 끝이다.

경쟁은 이기는 자에게 보상이 있어야 유지가 된다.

프로야구 선수의 연봉이 차이가 나는 것은 능력의 차이가 있기 때문이다. 잘 때리든가, 잘 던지든가, 아니면 잘 훔치든가 무엇인가 남들보다 나은 점이 있어야 대우를 받는다. 잘하는 것과 못하는 것에 대한 평가가 이루어지고 그것에 걸맞게 대우를 해 주는 것이다. 그것이 프로의 세계이다.

광고 역시 치열한 경쟁의 사회이고 프로들의 사회이다.

경쟁에서 이겨야 살아남고 남들보다 잘해야 더 좋은 대우를 받는다.

광고회사의 입사시험에 뽑힌 젊은이들을 보면 대개가 가슴 벅찬 기대와 장밋빛 희망을 가지고 첫 출근을 한다. 일종의 환상을 가지고 광고를 시작하는 것이다.

그러나 유감스럽게도 광고란 그들이 꿈꾸는 것처럼 화려하고 즐거운 직업이 아니다. 아마도 신입 사원들은 출근하는 첫날부터 그들의 환상이 깨어지는 아픔을 느끼게 될 것이다. 그리고 그 순간부터 스스로의 능력과 장래에 대해 깊은 회의를 갖게 된다. 불행한 일이지만 그런 갈등은 광고를 직업으로 삼고 있는 동안 잠시도 떠나지 않는다.

광고란 심술스럽고 변덕스러운 팥쥐 어미와 같다.

잠시도 마음을 놓을 수 없는 의외성을 가지고 있다. 아무리 꼼꼼하게 단도리를 해도 어처구니없이 실패를 하는 경우가 있는가 하면 어떤 때는 별로 힘을 들이지 않았는데도 크게 성공을 하는 경우도 있다. 그 변덕을 도무지 종잡을 수가 없다. 물론 성공을 하든 실패를 하든 결론이 난 다음에는 그 이유를 분석도 하고 반성도 하지만 사전에 그런 이유들을 찾아낼 수 없기 때문에 답답하기가 이를 데 없다.

흔히 영화 흥행은 뚜껑을 열어 보아야 그 결과를 안다고 한다.

광고도 다를 바 없다.

아무리 광고를 과학이라고 말하기는 해도 해 보기 전에는 결과를 함부로 말하기가 어렵다. 그러니 매일매일을 긴장 속에서 살아야 한다. 당연히 스트레스가 쌓이고 육체적으로도 피로해진다. 일단 심신이 모두 고달픈 직업이라고 할 수 있다.

광고라는 직업은 대학교수나 법관처럼 사회적으로 존경을 받는 것도 아니고 사업가처럼 돈을 버는 재미가 있는 것도 아니다. 정치가처럼 권력의 달콤함을 즐길 수 있는 것도 아니고 사회사업가나 종교인처럼 자기 희생의 충족감이 있는 것도 아니다. 때때로 예술을 하는 사람들처럼 무엇인가 창조하는 기쁨이 있다고 하나 그것도 따지고 보면 일하는 과정의 유사성에서 오는 일시적인 착각이지 예술행위에서 오는 정신적인 만족감이 있는 것도 아니다.

이따금 광고의 크리에이티브 분야에서 일하는 사람들 중에 광고 만드는 일을 대단한 예술쯤으로 생각하는 사람이 있기는 하지만 천만의 말씀이다.

예술이란 대중의 평판을 두려워하지 않는 작가의 순수함이 생명이다. 예술의 세계에서는 누가 무엇이라고 하든 예술가 자신의 생각과 느낌을 스스로의 판단에 따라 추구해 갈 수 있다. 따라서 예술에 대한 평가는 작가 자신의 주관에 우선적으로 달려 있다.

그러나 광고는 다르다. 광고는 광고주의 목적에 따라 대중들을 설득해야 한다는 전제가 있다. 만드는 사람의 주관이 문제가 아니라 그것을 수용하는 대중들이 공감을 해 주어야 광고로서 의미가 생긴다.

대중들이 외면하는 광고란 앙꼬가 빠진 찐 빵이요, 불꺼진 화로와 같다.

그렇기 때문에 광고는 언제나 평가의 객관성과 보편성이 문제가 된다. 자신의 생각보다는 보아 주는 사람들의 생각이 더욱 중요한 것이다. 그러니 예술이라고 할 수가 없는 것이다.

이집트 기자 사막.
쿠푸 왕의 피라미드 앞에서 보니 멀리 신기루처럼 신도시가 떠 있었다.

광고란 남의 목적을 위하여 내 재능을 활용하는 직업이다.

좀 심하게 비유를 하면 남의 전쟁을 위하여 목숨을 거는 프랑스의 외인용병들과 같다.

광고를 하는 사람들은 새로운 광고를 맡을 때마다 목숨을 거는 기분으로 일을 한다. 그깟 광고 일을 하면서 목숨까지 걸 일이 있겠느냐고 하겠지만 어느 외국 학자의 연구에 의하면 광고인의 평균 수명이 일반인에 비해 약 10년 정도 짧다고 하니 크게 과장된 표현은 아닐 것이다.

광고란 불확실한 가능성을 파는 직업이다.

봉이 김선달은 팔아먹을 대동강 물이라도 있었지만 광고를 하는 사람들은 제 머릿속에 들어 있는 생각을 파는 사람들이다. 볼 수도 없고 만질 수도 없다. 달랑 광고 기획서 몇 장, 만화와 같은 콘티 그림 몇 컷, 아니면 아이디어 스케치 몇 장을 가지고 수십억에서 수백억 원에 이르는 비즈니스를 성사시켜야 한다. 그저 짐작만 할 따름이지 실제로 해 보기 전에는 결과를 제대로 알 수가 없는 분야이다. 그러니 결과가 좋으면 다행이지만 자칫 일이 어긋나서 계획대로 결과가 나오지 않으면 천하의 사기꾼이 되기 쉬운 그런 직업이다.

그래서 광고라는 직업은 불안하고 초조하다.

늘 경쟁 속에서 살아야 되고, 늘 누군가와 비교되고, 늘 누군가에게 뽑혀야 하는 직업이기 때문이다. 물론 미래에 대한 확실한 보장이 있을 수 없다. 그러니 하루하루가 가시방석이요, 시시 각각이 외

줄을 타는 광대처럼 아슬아슬하다. 한마디로 좋은 직업이라고 말할 수 없다.

그럼에도 불구하고 많은 사람들이 미친 듯이 광고 일을 한다.

이유는 간단하다. 좋아서 하는 것이다. 그리고 좋아하지 않으면 절대로 할 수 없는 직업이다.

시험공부를 하면서는 하룻밤을 새우기도 힘이 든다. 그러나 고스톱 한판 벌여 놓고 피박에 쓰리고, 따따블로 긁어 들이면 하룻밤은 순간이고 이틀 밤, 사흘 밤이 거뜬히 넘어간다. 재미있기 때문이다.

광고도 그래야 한다. 재미가 없으면 신명이 나지 않고 신명이 나지 않으면 좋은 광고를 만들 수 없다. 그렇기 때문에 광고를 하는 사람들에게는 일이 취미이며, 생활이며 인생 자체가 되지 않으면 견뎌내기 어려운 직업이다.

오전 9시에 출근, 오후 6시에 칼같이 퇴근해서 마누라하고 설거지 같이 하고 주말에는 애들 손 잡고 놀이공원 같은 데 나들이 하는 자상한 남편, 훌륭한 아빠와는 애초 거리가 먼 직업이다.

광고란 끊임없는 경쟁이며 반복되는 도전이다.

새로운 광고를 하게 될 때마다 주사위를 던질 때의 긴장과 스릴이 함께 한다. 그리고 그것이 딱 맞아떨어졌을 때의 쾌감은 슬롯 머신의 수박 세 개보다도 더욱 짜릿하다.

광고란 하루에도 열두 번씩 천재와 천치 사이를 오고 가는 직업이다.

어느 날 아침, 광고주로부터 전화를 받는다.

"이번 광고, 소비자 반응도 좋고 물건도 잘 나갑니다."

그 순간만은 이 세상에서 나만큼 유능한 광고인이 없다. 어깨에 힘이 들어가고 목소리에 무게가 실린다. 그러나 그 기분도 잠깐, 뒤이어 온 전화가 사람을 나락으로 밀어 넣는다.

"어제 시사했는데 사장한테 엄청 깨졌어요. 광고회사 바꾸랍니다."

지옥이 별게 아니다. 일이 날아간다는 것은 둘째치고 우선 자존심이 상하고 부끄러워진다. 얼굴에 열이 오르고 가슴도 답답해지면서 이마에 식은 땀이 돋는다. 재수가 없는 날은 그런 일이 한꺼번에 일어난다.

광고란 그 끔찍한 감정의 진폭을 이겨내야 하는 직업이다. 그러니 인생이 권태로울 여유가 없다. 시간이 화살같이 빠르기만 하다.

광고란 근무시간이 따로 없는 직업이다.

아침 일찍 출근을 해서 밤늦게까지 일을 한 것 같은데 막상 잠자리에서 생각하면 하루 종일 아무 것도 한 일이 없다는 것을 깨달을 때가 있다. 책상 앞에서 끙끙거리기만 했지 구체적인 실적이 없는 것이다.

그러다 다음날 아침, 화장실에 앉아 있다가 문득 아이디어 하나가 떠올라 메모를 해 놓으면 그 결과가 그럴듯할 때가 있다. 그 시간이 사무실보다 더 의미가 있다. 그러니 광고 하는 사람의 머리는 움직이는 사무실이라고 할 수 있다. 하루 종일 일 생각이 머릿속에서 떠나지 않는 것이다. 그렇게 한 3, 4년 부대끼다 보면 마침내 꿈 속에서도 광고회의를 하고 딴 꿈은 흑백으로 꾸다가도 광고만은 컬러로 꿈을 꾼다. 24시간, 연중무휴 상태가 되는 것이다.

밤샘 작업을 끝내고 느끼는 새벽 바람의 신선함, 긴 회의 끝에 마음에 드는 아이디어 하나 건져내고 피우는 담배 한 대의 맛, 그리고 완성된 광고를 보면서 마시는 커피 한잔은 광고 일을 하면서 느끼게 되는 특별한 즐거움이다.

그뿐만이 아니다. 여러 분야의 광고주와 일을 하면서 얻게 되는 다양한 지식 또한 광고가 주는 축복이며 광고를 통해 이런저런 인생을 경험해 보는 것 역시 광고를 하는 사람들의 즐거움이다.

그러나 무엇보다도 가장 큰 기쁨은 내가 만든 광고를 통해 기업이 성장을 하는 것을 지켜보는 일이다. 하루하루 매출이 늘어 갈 때마다 비록 내 수중에 들어오는 것은 없어도 기분만은 백만장자가 부럽지 않다.

광고를 통해서 얻게 되는 이 모든 괴로움과 즐거움이 광고를 하는 보람이다. 그리고 마침내 광고는 매정한 바람둥이처럼 우리 곁을 떠나간다. 마치 늙은 호스티스에게서 손님이 떨어져 나가듯 언젠가는 광고와의 인연을 정리해야 할 때가 오는 것이다. 그것은 사람에 따라 40대에 오기도 하고 50대에 오기도 한다. 때로는 60대가 넘도록 광고와의 작별을 유예하는 사람도 있다. 특별한 재능과 매력을 가지고 나이와 관계없이 계속해서 뽑히기 때문이다.

광고는 뽑히는 직업이다. 그래서 괴로움도 많고 기쁨도 많은 직업이다.

　광고가 가지고 있는 이 모든 어려움과 즐거움, 그리고 최후에 찾아
올 이별의 허망함까지도 사랑할 수 있는 사람만이 광고를 해야 한다.

유능한 바람둥이

 어느 날 아침, 쓰고 있던 치약의 냄새가 개운치가 않아서 무심코 아내에게 말했다.

"치약 좀 딴 거 써야겠네."

그랬더니 아내는 나를 쳐다보지도 않은 채 대답했다.

"치약 광고 새로 하우? 어떤 제품인데?"

나는 전혀 그런 뜻이 아니었는데 아내는 지레 짐작으로 내가 치약 광고를 새로 하게 된 것으로 단정지었다. 그러고 보니 그런 일이 한두 번 있던 일이 아니었다. 적게는 생활용품이나 식품에서부터 크게는 가전제품, 심지어는 자동차에 이르기까지 광고주가 바뀔 때마다 내 주변의 브랜드가 달라진 일이 많았다.

집에서뿐만이 아니었다. 술집에서 마시는 소주나 맥주, 위스키 같은 것도 특별한 경우가 아니면 내가 좋아하는 것을 선택할 수가 없었다. 모든 것이 내가 하는 광고 일과 연결되어 있었다. 언젠가 아내가 불평 삼아 이런 얘기를 했다.

"꼭 변덕 심한 바람둥이 같다는 생각이 안 들어요?"

맞는 말이었다. 어제까지 이 제품이 최고라고 떠들다가도 광고주가 바뀌면 금방 딴소리를 했다. 이 제품 저 제품 브랜드를 자주 바꾸는 꼴이 아내가 보기에도 영락없는 바람둥이와 같았을 것이다.

내가 잘 아는 사람 중에 혼자 사는 사람이 있다. 그래서 그런지는 몰라도 그는 여자들에게 특별히 인기가 있다. 본인은 극구 부인을 하지만 내가 보기엔 꽤 능력이 있는 바람둥이라고 생각하고 있다.

우선 그의 주변에는 호감을 갖는 여자들이 많이 모인다. 그러나 여자 문제 때문에 사회적으로나 개인적으로 문제를 일으킨 일이 단 한 번도 없다. 그 정도만 해도 뛰어난 바람둥이라고 할 만하다.

흔히 남자는 여자의 아름다움에 끌리고 여자는 남자의 힘에 끌린다고 한다. 여자가 들으면 다소 기분 나쁜 이야기일지는 모르나 대개 여자들에게 인기있는 남자란 금력(金力)이나 권력(權力) 또는 정력(精力)이나 매력(魅力)이 있는 사람들이다. 하나같이 힘과 관련이 있다.

동물의 세계에 있어서도 짝짓기를 하는 것을 보면 무리 중에서 힘이 있는 우두머리가 늘 암컷의 대부분을 독차지한다. 그것은 종족을 번식시키는 데 있어서 우성적인 것을 선택하려는 본능이 작용하기 때문에 그럴 것이다.

좀 지나친 비약일지는 몰라도 여자들이 남자들의 힘에 이끌리는 것 역시 아마도 동물적인 잠재적 본능이 남아 있기 때문이 아닌가 싶다.

그러나 솔직히 금력이나 권력으로 여자들의 관심을 끄는 남자란 진정한 바람둥이라고 말할 수는 없다. 여자들의 관심이 사람 자체에 게 있는 것이 아니라 그 사람이 가지고 있는 조건에 있기 때문이다. 그런 점에서 참다운 바람둥이란 조건보다는 인간적인 매력이 있는 사람이라고 할 수 있다.

그는 돈이 많은 사람이 아니다. 그렇다고 권력이 있느냐 하면 그것 도 아니다. 정력이야 내가 속사정을 모르니 있다 없다를 말할 처지가 아니다. 여하튼 돈과 권력이 없음에도 불구하고 여자들에게 인기가 있는 것을 보면 그에게는 무엇인가 남과 다른 매력이 있기 때문일 것 이다.

그렇다고 그가 배우처럼 뛰어난 외모를 가지고 있는 것도 아니고 키가 늘씬하게 잘 빠져서 몸매가 기가 막힌 것도 아니다. 화술 역시 뛰어난 재치가 있는 편이 아니고 노래를 잘한다든가 피아노를 잘 친 다든가 여자가 빠질 만한 특별한 재능이 있는 것도 아니다. 그저 평 범한 정도의 호감을 주는 보통 사람이라고 할 수 있다.

그럼에도 불구하고 그는 여자들에게 특별히 인기가 있다.

함께 술을 마시더라도 그는 빙그레 미소만을 지은 채 술만 마신다. 특별히 눈에 띄는 행동을 하지 않는다. 그럼에도 불구하고 옆에서 보 기에 질투가 날 만큼 여자들이 관심을 갖는다. 다만 남과 다른 점이

이집트 나일 강변 룩소르.
3000년의 세월이 그곳에 있었다.

있다면 남들이 술에 취해 제멋대로 떠드는 동안 그는 무엇인가 여자들과 소근소근 이야기를 잘하고 있다는 정도이다. 그렇다고 그 화제를 자신이 끌고가는 것도 아니다. 그저 상대의 이야기를 잘 들어주고 있을 뿐이다. 그런 점에서 그는 타고난 성격이 좀 자상한 편이라고 할 수 있다. 하긴 그런 성격 탓인지는 몰라도 그는 여자들에게뿐만 아니라 남자들 사이에도 인기가 있다. 대단한 리더십이나 카리스마를 가지고 있지 않으면서도 남자들에게도 인기가 있는 것은 크게 남 앞에 나서지 않으면서도 곰살궂게 남의 사정을 잘 살펴주는 배려가 있기 때문일 것이다. 그러나 그 정도 이유만으로 그가 특별히 여자들에게 인기가 있다고 할 수는 없다.

언젠가 함께 술을 마시다가 혹시 남모르는 비결이 있는가 해서 물어본 일이 있다. 그는 빙그레 웃으며 나에게 되물었다.

"도대체 어떤 사람보고 바람둥이라고 하는데?"

"그거야 뻔하잖아, 여자를 잘 사귀고 상대를 자주 바꾸는 사람 아냐?"

그랬더니 그의 대답이 다소 엉뚱했다.

"아니지, 진정한 바람둥이란 여자를 잘 사귀는 사람이 아니라 여자와 잘 헤어지는 사람이야."

그리고 그가 해 준 말이 술이 번쩍 깰 정도로 인상적이었다.

그는 여자를 사귈 때 몇 가지 원칙을 가지고 있었다.

우선 첫째로 그는 절대로 문제가 될 수 있을 것 같은 사람에겐 접

근조차 하지 않는다고 했다. 예컨대 유부녀라든가 또는 나중에 심각하게 책임을 져야 할 상대에겐 아예 관심조차 가지지 않는 것이다. 우선 상대를 고르는 것부터가 이성적이었다.

두 번째는 거짓말을 하지 않는 것이었다. 당장의 목적을 위해 나중에 지킬 수 없는 약속을 하지 않는 것이다. 그러고 보니 술김에도 그는 절대로 듣기 좋은 사탕발림의 이야기를 하지 않았다. 오히려 그런 태도가 상대에게 믿음을 주는 모양이었다.

세 번째는 만나고 있는 동안에는 최선을 다하는 것이었다. 아무리 길게 갈 관계가 아니라 하더라도 만나고 있는 순간만은 마치 이 세상에 여자가 단 한 사람만 있는 것같이 행동한다는 것이었다. 집중력이 있었다.

그리고 네 번째, 헤어질 때 잘 헤어져야 한다는 것이었다.

그러고 보니 그를 알고 있던 여자들에게서 뒷날 그를 비난하는 소리를 들어본 적이 없다. 헤어질 때 늘 뒤끝이 분명하고 깨끗했기 때문이다.

그의 이야기를 듣고 있으면서 나는 엉뚱하게도 내가 만난 광고주들을 생각하고 있었다. 그의 원칙은 비단 여자들에게만 해당되는 것이 아니었다. 여자가 됐건 광고주가 됐건 어차피 언젠가는 서로 헤어질 수밖에 없는 관계라면 이왕이면 그 친구처럼 그럴듯한 바람둥이가 될 필요가 있다고 생각했기 때문이다.

이따금 우리가 새로운 광고주를 만나게 될 때면 일을 하겠다는 욕심이 앞서서 상대의 조건과 성격을 잘 알지 못한 채 인연부터 맺는 경우가 많다. 그러다가 나중에 문제가 생기면 서로 얼굴을 붉히며 티격태격하다가 결국은 헤어진다. 그렇게 헤어지면 일도 사라지고 사람도 잃는다. 차라리 만나지 않은 것만도 못한 것이다. 사람의 인연이란 맺기도 어렵지만 끝낼 때 잘해야 한다.

그것뿐이 아니다. 흔히 새로운 광고주에게 프레젠테이션을 하게 될 때면 우선 따 놓고 보자는 생각 때문에 지킬 수 없는 약속을 할 때가 많다. 그리고 마음속으로 핑계를 만든다. 프레젠테이션이니까. 그러나 프레젠테이션이란 내 생각을 발표하는 것뿐이 아니라 앞으로 그렇게 하겠다는 일종의 약속이다. 일단 따 놓고 난 뒤에 나중에 약속을 안 지키면 그 역시 뒤끝이 좋을 리가 없다.

신세대 신혼 주부들의 가장 큰 불만은 연애 시절에 했던 남편들의 약속이 결혼 후에 제대로 지켜지지 않는 것에 있다고 한다. 과거에야 그러려니 하고 참고 살았지만 요즘에는 그것도 결정적인 이혼의 사유가 된다고 한다. 하물며 광고주와의 관계에 있어서는 더할 나위가 없다. 약속이 안 지켜지면 서로가 기분이 상할 수밖에 없다. 헤어지는 것이 당연하다.

어디 그것뿐이겠는가. 새 일을 맡으려 할 때엔 최선을 다할 것 같다가도 일단 일을 맡고 나면 또 다른 일에 욕심이 생겨서 손안에 있는 광고주의 관리를 소홀히 하게 된다. 집중력이 떨어지는 것이다.

우리가 광고에 관한 일을 하면서 가장 이상적인 것은 한 번 만난 광고주와 영원히 헤어지지 않는 것이다. 그러나 그것은 현실적으로 불가능한 일이다. 언젠가 광고주는 떠나가게 되어 있다. 그때마다 배신감을 느끼고 섭섭하기는 하지만 그것을 막을 방법은 없다.

광고주가 떠나가는 이유는 의외로 단순하다. 일의 내용이 마음에 들지 않거나 혹은 분위기를 바꾸고 싶거나 싫증을 느낄 때 광고주는 떠나간다. 그럴 때 다시는 평생 만나지 않을 것처럼 고약하게 헤어지는 경우가 있다. 그렇게 되면 나중에 다시 만나기가 쉽지 않다. 이혼한 부부가 남은 평생을 원수처럼 지내는 것도 헤어질 때 아웅다웅 온갖 추한 꼴을 다 보였기 때문에 그렇다.

흔히 한국의 광고판은 손바닥만하다고 이야기한다. 시장의 규모가 작고 연줄연줄 다 아는 사람들이기 때문이다. 그렇기 때문에 알고 있던 광고주 몇몇과 원수같이 헤어지고 나면 그나마 작은 시장이 더욱 좁다는 느낌이 든다.

내 경험에 의하면 한번 떠났던 광고주가 다시 돌아오는 데는 3, 4년쯤 걸린다. 광고주가 새로운 것을 찾아서 이곳저곳 다니다 보면 어느 시기엔가는 헤어졌던 사람들에게 다시 돌아가고 싶은 생각이 든다. 그때 서슴없이 돌아갈 수 있어야 한다. 그러기 위해서는 헤어질 때 잘해야 한다. 험하게 이혼을 한 부부처럼 원수지간이 되어 버리면 막상 다시 돌아가고 싶어도 민망해서 다시 찾지 못한다.

광고 일을 하면서 행복한 일 중의 하나가 떠나갔던 광고주가 다시 찾아오는 것이다. 어느 날 사무실의 문이 활짝 열리면서 낯익은 광고주가 들어선다.

"그동안 나 없이 어떻게 먹고살았어."

새로운 짝을 찾아 떠나갔던 바람둥이가 다시 나를 찾아오는 것이다.

그에게서 진정한 바람둥이의 비결을 듣고 난 후 나는 애써 노력을 했다. 될 수 있는 대로 자신 없는 약속을 하지 않으려고 했고 아무리 조건이 좋아도 경쟁제품에는 눈도 두지 않으려고 했다.

그리고 오히려 함께 일하는 동안에 자주 만날 수 없던 광고주와도 헤어지게 될 때면 꼭 자리를 마련해 술 한잔이라도 하려고 신경을 썼다. 일종의 작별주였다. 그러나 헤어지기 위함이 아니라 또 다른 만남을 위하여 잠시 여백을 갖는다고 생각을 바꾸니 그 술맛이 그렇게 좋을 수가 없었다. 우선 부담이 없어 좋았고 섭섭한 느낌이 없어져서 좋았다. 일은 떠나가도 친구를 얻는 듯한 느낌이 들었기 때문이다. 그리고 실제로 친구가 되었다.

역시 그의 말이 맞았다. 진정한 바람둥이란 여자를 잘 사귀는 데 있는 것이 아니라 헤어질 때 비결이 있었다.

말 잘하는 사람보다
잘 듣는 사람이 더 무섭다

나는 학교에서 강의를 할 때 좋지 않은 징크스를 가지고 있다. 강의를 듣는 학생들의 태도에 따라 강의의 내용이 크게 달라지는 것이다.

그래서 늘 첫 시간이 긴장이 된다. 첫 시간, 첫 강의가 기분이 좋게 진행이 되면 한 학기 강의가 언제 끝나는지 모르게 즐겁게 지나간다. 그러나 첫 인상이 아, 좀 고생을 하겠구나 생각이 들면 한 학기 내내 고생을 한다. 나 스스로 별로 좋지 않은 징크스라고 생각하면서도 쉽사리 벗어나지 못하고 있다.

대개 강의를 듣는 학생들의 태도는 네 가지 정도로 분류된다.

첫 번째는 열심히 강의에 집중해 주는 타입이다. 시선을 딱 내 눈에 맞추고 한마디 한마디에 즉각적으로 반응해 준다. 이런 학생이 많으면 기분이 좋아져서 말도 잘되고 머리도 잘 돌아간다. 나도 모르게 흥이 나서 내가 생각해도 깜짝 놀랄 정도로 강의 내용이 좋아진다. 그런 클래스에서 강의를 하고 나면 가슴이 탁 트이고 속이 후련해진다. 다음 시간이 기다려질 정도이다.

두 번째는 한 오 분쯤 듣는 척하다가 슬슬 졸기 시작하는 타입이다. 강의를 하다가 한두 명 졸고 있는 학생이 눈에 띄면 갑자기 자신이 없어지고 기가 팍 죽는다. 오죽 강의가 재미없으면 졸음이 오겠느냐 하는 부끄러움이 있기 때문이다. 한번 기가 죽으면 시간이 갈수록 더욱 주눅이 든다. 강의가 잘될 리 없다. 강의가 재미없어지니 시간이 갈수록 조는 학생이 늘어난다. 그렇게 되면 강의를 하는 사람이나 듣는 사람이나 일각(一刻)이 여삼추(如三秋)이다.

세 번째는 딴 책을 꺼내 놓고 다른 과목의 리포트를 쓰는 타입이다. 그런 친구들을 보면 겉으로는 보지 않는 척하지만 노골적으로 무시를 당하는 것 같아 자꾸 신경이 쓰인다. 속으로는 괘씸하지만 잔소리를 하자니 자존심이 상해서 못 본 척하고 넘어간다. 그러나 신경이 쓰여서 도무지 강의에 집중이 되지 않는다.

네 번째는 가장 악질적인 경우다. 떠들어대는 녀석들이다.

졸거나 다른 짓을 하면 최소한 강의를 듣고자 하는 다른 학생들에게는 피해를 주지 않는다. 그러나 무슨 얘깃거리가 그리도 많은지 계속 소근소근 떠들어대는 녀석들은 도저히 참을 수 없다. 대놓고 주의를 주든지 아예 교실에서 내보낼 수밖에 없다. 교실은 조용해지지만 이미 강의를 할 기분은 싹 가시고 만다.

그래서 나는 학기 초에 아예 선언을 한다. 졸거나 딴짓을 하는 것은 내 강의가 시원치 않아서 그런 것이니 참아 주겠지만 떠드는 것은 강의를 듣고자 하는 다른 학생의 등록금을 절취하는 행위이니 나중에라도 불이익을 주겠다고 경고를 하는 것이다.

그리고 실제로 나는 출석을 부르면서 이름 옆에 나만 아는 표식을 해 둔다. 수업 태도가 좋은 학생들은 별도로 표시를 했다가 성적을 정리할 때, 좀 후하게 평가해 준다. 그것은 한 학기 동안 강의를 열심히 들어주었다는 뜻도 있지만 강의의 내용이 좋아질 수 있도록 도와주었다는 의미도 있다.

나 역시 이따금 남의 강의를 듣는 경우가 제법 있지만 사실 강의를 하는 것보다는 듣는 것이 훨씬 힘들다고 느낄 때가 많다. 흥이 나서 강의를 하면 세 시간 정도는 후딱 지나간다. 그러나 한 자리에 앉아 세 시간 정도 남의 이야기를 들을라치면 제법 재미가 있다고 하더라도 온 몸이 저리고 머리가 멍해진다. 그러니 한 학기 동안 열심히 들어준 학생에게 고맙지 않을 수가 없다. 당연히 집중해서 들어주었다는 것만으로도 후한 점수를 주고 싶다.

듣기 힘든 것은 강의뿐이 아니다. 개인적인 관계에 있어서도 내가 말하는 것보다 남의 말을 듣는 것이 훨씬 힘이 든다. 어느 심리학자의 주장에 의하면 사람들이 남의 말에 집중할 수 있는 시간은 기껏해야 15분 정도밖에 안 된다고 한다. 그만큼 남의 얘기를 들어준다는 것이 어려운 일이다.

사람들과 만나서 회의를 해 보면 말을 잘해서 일방적으로 분위기를 이끌어 가는 사람이 있는가 하면 자신은 별로 말을 하지 않은 채 남의 얘기를 잘 듣는 사람이 있다. 얼핏 생각하면 회의의 결론이 말을 많이 한 사람의 의견대로 될 것 같지만 실제로는 그렇지 않은 경우가 의외로 많다. 오히려 말을 아끼고 남의 이야기를 듣고만 있던 사람이 툭 던지는 한마디가 결정적인 역할을 할 때가 있다.

리더가 지녀야 할 덕목 중의 하나가 남의 말을 잘 듣는 것이라고 한다. 그 이야기는 귀가 얇아서 남의 말을 잘 듣는다는 뜻이 아니라 남의 이야기를 충분히 듣고 참고함으로써 올바른 결정을 내린다는 뜻이다. 그래서 참모는 말을 많이 하고 리더는 생각을 많이 해야 한다.

오리온 그룹의 이화경 사장이 그랬다. 처음 만났을 때 나는 그분이 매우 과묵하다는 인상을 받았다. 좀처럼 자신의 이야기를 하지 않고 내 이야기를 열심히 듣기만 했다. 그것도 그냥 듣는 것이 아니라 이따금 고개를 끄덕이기도 하고 질문도 해 가면서 매우 진지하게 들었다.

그래서 몇 번 더 만날 때마다 일방적으로 내가 말을 많이 했다. 그러나 어느 땐가 다소 견해가 다른 일이 있어 가벼운 토론을 하게 되었을 때, 나는 깜짝 놀라지 않을 수 없었다. 한번 말문이 터지자 그야말로 청산유수였다. 게다가 한마디 한마디가 거의 완벽한 논리를 가지고 있었다. 한마디로 공자 앞에서 철딱서니없이 문자를 쓴 격이었다. 그 순간, 부끄럽기도 하고 한편으론 무섭기까지 했다.

그분은 내 이야기를 충분히 듣고 조목조목 정리한 다음에 자신의 말을 하기 시작한 것이다. 그러니 한마디도 반박을 할 수가 없었다. 제대로 저항 한번 못하고 두 손을 들었다.

흔히들 설득력이 있는 사람이란 말을 잘하는 사람이란 생각을 가지고 있다. 그러나 나는 그날 이후 말을 잘하는 것보다는 남의 이야기를 잘 듣는 사람이 더 설득력이 있는 사람이라고 생각하게 되었다.

대개의 경우, 상대가 일단 내 얘기에 귀를 기울인다고 생각하면 자기도 모르게 흥이 나서 하려고 하던 내용보다 더 많은 이야기를 한다. 그러다 보면 자기도 모르게 자신이 가지고 있는 정보나 견해가 속속들이 노출이 된다.

병법에도 지피지기(知彼知己)면 백전백승(百戰百勝)이라고 했다. 남의 생각을 읽고 있으면 그 사람을 설득하는 것은 어려운 일이 아니다.

그 일이 있은 후부터 나는 강의실에 들어갈 때마다 눈을 밝히고 내 강의에 열중해 주는 학생들이 오히려 두려워지기 시작했다. 한마디 한마디 놓치지 않고 들으면서 속으로는 무슨 생각을 하고 있는지 궁금했기 때문이다. 열심히 들어준다고 해서 기분 내키는 대로 함부로 떠들 수가 없는 것이다. 아무래도 한번쯤 더 생각하고 신중해진다.

그래서 요즘은 회의 같은 것을 할 때에도 가급적 말을 아끼려고 노력하고 있다. 남의 이야기를 듣고 있다 보면 아차, 내가 잘못 생각하고 있었구나 하는 것들을 발견할 수 있기 때문이다. 남의 이야기를 다 듣고 나서 내 생각을 정리하면 최소한 엉뚱한 이야기를 끄집어내는 식의 민망한 꼴은 당하지 않을 수 있다.

그러나 그것이 보통 어려운 일이 아니다. 말을 아껴야 한다고 생각
은 하면서도 불쑥불쑥 입을 열고 싶은 충동을 참을 길이 없는 것이다.

그럴 때 심호흡이 효과가 있다. 숨을 크게 한번 들이쉬면서 내가
지금 말을 할 때인지 아니면 들어야 할 때인지 정리를 한다. 그렇게
한 박자 쉬고 나면 최소한 즉흥적이거나 감정적인 이야기는 피할 수
있다.

남들 앞에서 말을 한다는 것도 쉬운 일이 아니지만 남의 얘기를 듣
는 것은 더욱 어려운 일이다. 말을 아끼고 남의 얘기를 잘 듣는 것이
야말로 상당한 수양이 쌓여야만 가능한 일인 것이다.

그래서 요즘은 말을 아끼고 남의 얘기를 열심히 듣고 있는 사람을
보면 참으로 무섭다는 생각이 든다.

최고의 예술

금방이라도 함박눈이 내릴 듯 구름이 낮게 내려 앉아 있었다.

아직 이른 시간이어선지 우리가 첫 번째 손님이었다.

이태리 식당 '그 안'은 동국대학교 건너편 길가에 있다.

창가에 앉으면 왼쪽으로 비스듬히 장충체육관이 보이고 그 옆으로 남산의 끝자락이 눈에 들어온다. 광고대행사 웰콤이 그럴듯한 사옥을 짓고 그 안에 멋진 광고처럼 맛있는 음식이 있다고 해서 '그 안'으로 이름을 붙인 꽤 격조가 있는 식당이다. 실내 인테리어부터 사용하는 집기까지 웰콤 박우덕 사장의 디자인 감각이 물씬 풍겨서 생긴지 얼마 되지 않았음에도 불구하고 제법 손님이 많다.

연말도 다가오고 서로 만난 지도 오래되어 박우덕과 전화가 연결된 참에 아예 점심 약속까지 해 버렸다.

크지 않은 키에 늘 어깨를 웅크리고 다녀서 박우덕은 언제나 추워 보인다. 그날은 면도까지 며칠 하지 않았는지 수염이 더부룩해서 더욱 을씨년스러워 보였다.

겉으로만 보아서는 어디에 그렇게 세련되고 깔끔한 감각이 숨어 있는지 알 수가 없다. 취미도 별로 없어서 그 흔한 골프에도 관심이 없고 술도 좋아하지 않는다. 그렇다고 여행이나 등산을 즐긴다는 이야기도 들어보지 못했다. 오로지 모든 관심이 광고에만 있다. 그러니 어쩌다 만나도 대화의 내용이 광고를 벗어나지 않는다.

그날도 예외는 아니어서 음식을 주문하고 포도주를 한잔 하는 동안 우리는 광고에 관해 두서없이 이야기를 했다. 보통 때 같았으면 그런 이야기로 끝났을 것이다. 그러나 연말이 주는 허전한 느낌과 잿빛으로 가라앉은 하늘 때문이었는지 우리들의 화제는 광고를 그만둔 후에 과연 무엇을 할 것인가로 옮겨 갔다.

나야 이미 현장에서 반발쯤 물러나 있으니 당연한 일이지만 한창 일선에서 치열하게 일을 하고 있는 박우덕이 벌써 그런 생각을 하고 있다는 것은 다소 의외였다. 그리고 보니 그도 이미 나이가 오십이 훌쩍 넘었다. 아직 좀 빠른 느낌은 있지만 아닌 게 아니라 은퇴 후를 염두에 두어야 할 나이가 된 셈이다.

그러나 그는 다른 사람들처럼 무작정 광고를 그만두겠다는 것이 아니라 때가 되면 이제껏 다른 광고인들이 해 보지 않았던 새로운 광고 일을 해 보고 싶어 했다.

특히 기분 좋게 들렸던 얘기는 광고를 통해서 번 돈을 광고를 위해서 쓰고 싶다는 그의 생각이었다. 예컨대 서울 근교에 그럴듯한 살롱을 만들어 광고인들끼리의 격의 없는 사교나 토론 같은 것을 할 수 있는 장소를 만든다든가 은퇴한 광고인들이 모여 자신들의 경험과 지식을 정리할 수 있는 연구실을 만든다든가 하는 일이었다.

얘기를 듣고 있는 동안 나는 그의 생각이 단순한 꿈이 아니라 구체적인 계획이 상당히 진행되고 있다는 느낌을 강하게 받았다. 음식이 나오기 전까지 박우덕은 자신의 계획에 대해서 매우 진지하게 이야기했다.

그런데 그날 내가 막상 놀랐던 것은 은퇴 후의 그의 계획에 관한 이야기가 아니라 엉뚱하게도 음식에 대한 박우덕의 해박한 지식이었다.

음식이 나오자 우리들의 화제는 자연스럽게 먹는 이야기로 옮겨갔다. 일단 먹는 얘기가 나오자 박우덕은 갑자기 눈빛이 달라질 정도로 열을 올렸다. 음식의 재료부터 요리법, 심지어는 식기의 디자인과 테이블 매너까지, 저 사람이 과연 광고를 하는 사람일까 의심이 들 정도로 전문적인 식견을 가지고 있었다. 빵은 어떻게 구워야 맛이 나는지, 수프 재료는 무엇이 좋은지, 고기는 부위별로 어느 정도 익혀야 맛이 나는지 모르는 것이 없었다.

그제야 나는 웰콤의 근사한 건물 안에 왜 이태리 식당을 만들었는지 짐작이 갔다. 자기가 직접 만드는 것은 아니지만 최고의 요리를 만들고 그것을 즐기는 사람들을 보고 싶었던 것이다. 그러고 보니 좋은 음식을 만들어서 그 맛을 알아주는 사람을 보는 것이나 좋은 광고를 만들어서 광고주가 만족해 하는 것을 보는 것이나 같은 느낌일 것이라는 생각이 들었다.

디저트로 망고 셔벗을 먹으며 그는 말했다.

"내가 나이 들어서 정말 해 보고 싶은 게 뭔지 알아? 요리예요, 요리. 그림도 그려 봤고 음악도 좋아하지만 내 생각엔 인간이 만드는 최고의 예술이 요리가 아닌가 싶어."

듣고 보니 그럴싸했다. 요리 속에는 인간의 모든 미적 감각이 다 들어 있었다. 그림이나 조각은 시각을 통해 예술적 욕구를 충족시킨다. 음악은 청각을 통해 예술을 느끼게 하고 문학은 지적 상상을 통해 예술적 욕구를 충족시킨다. 그러나 요리는 우리의 모든 감각을 동시에 자극한다. 요리는 우리의 오감(五感) 모두를 사용하여 만들어지고 또 그것들을 충족시키기 위해 만들어진다.

요리에는 시각적 조형이 있고 청각적 씨즐(Sizzle)이 있으며, 후각을 통해 느껴지는 유혹이 있고, 미각으로 음미하는 여운이 있다. 그 뿐만이 아니다. 요리하는 과정에서 촉각으로 전해지는 감각이 있다.

생각할수록 요리는 확실히 오감의 예술이었다.

좋은 요리는 우선 보기가 좋아야 한다. 보기 좋은 것이 맛도 있다고 아무리 맛이 좋아도 보기에 지저분하면 먹고 싶은 마음이 없어진다.

언젠가 일본의 유명한 광고제작회사인 도후쿠신샤(東北新社)의 우에무라(植村) 사장이 꽤 유명한 교토(京都) 요리 전문 음식점으로 초

캄보디아 씨엠립 따 쁘롬(Ta Prohm) 사원.
이곳에서 「툼레이더」를 찍었다고 한다.

대를 한 일이 있다. 오래 전 일이라 음식점의 이름은 기억을 못하지만 그때 먹었던 음식에 대한 기억이 미각보다는 오히려 시각적으로 선명하게 남아 있다.

일본 요리는 눈으로 먹는다고 한다. 특히 교토 요리는 시각적인 아름다움을 첫 번째로 친다. 그 집의 요리가 그랬다. 접시에 놓인 요리 하나하나가 마치 잘 그린 수채화처럼 아름다웠다. 알맞은 크기의 연꽃잎이라든가 연녹색 댓잎, 앙증맞은 국화꽃 등이 요리와 어우러져 젓가락을 대기가 아까울 정도였다. 보고만 있어도 접시 위에 산들바람이 불고 맑은 물이 졸졸 흐르는 듯했다. 그때 나는 아, 이건 요리가 아니라 예술이로구나 생각했다.

요리란 어디 보는 즐거움뿐이겠는가. 요리를 만드는 주방은 아름다운 소리로 가득 찬다. 경쾌한 칼 도마의 흥겨운 리듬을 배경으로 보글보글 끓는 소리가 풍요한 멜로디를 만들고 그 사이사이로 기름 튀는 소리가 악센트를 형성한다. 그 전체가 하나의 완벽한 오케스트라이다. 행복한 식탁을 위한 전주곡인 셈이다.

또한 코끝으로 스며드는 맛있는 냄새는 우리를 행복하게 한다.

시장기가 돌 때 맡게 되는 음식 냄새는 어느 향수의 냄새보다도 감미롭다. 나는 방금 오븐에서 꺼낸 빵의 냄새만큼 아름다운 향수 냄새를 맡아 본 적이 없다.

이따금 백화점 슈퍼마켓을 어슬렁거릴 때 문득 발길을 멈추게 하는 것이 있다. 갓 구워낸 빵에서 풍겨 나오는 부드럽고 향긋한 냄새이다. 그럴 때 숨을 크게 들이쉬면 냄새만으로도 행복을 느낀다. 그게 어디 갓 구운 빵 냄새뿐이겠는가. 좋은 요리의 맛있는 냄새는 그것 자체로 예술이라고 할 만하다.

흔히 음식의 맛은 손맛이라고 한다. 재료를 썰고 조미료를 넣고 또 간을 맞춰 버무릴 때도 어쩐지 맨손으로 해야 제 맛이 난다. 생선 초밥은 여자가 만들면 맛이 안 난다고 한다. 사실인지는 몰라도 남자와 여자의 손바닥 온도와 습도가 다르기 때문이라고 한다. 양념도 계량컵으로 달아서 넣는 것보다 손의 느낌으로 넣어야 맛이 난다. 맛있는 요리를 만드는 데는 참으로 정밀하고 섬세한 감각이 필요한 것이다. 그것을 어찌 예술이라고 말하지 않을 수 있겠는가.

그러나 역시 요리의 하이라이트는 먹는 즐거움에 있다.

먹는 '행위'와 먹는 '즐거움'과는 본질적으로 다른 것이다. 먹는 즐거움이란 단순히 시장기를 메우는 본능적인 욕구의 충족만을 의미하는 것은 아니다. 먹기 전, 먹는 과정, 그리고 먹은 후까지의 정신적인 충족감이 있어야 한다.

흔히 최고의 요리란 사각사취(四覺四醉)가 있어야 한다고 한다. 냄새로 취하고, 보면서 취하고, 먹으면서 취하고, 마침내는 마음으로 취해야 한다는 것이다.

예술이 무엇이겠는가. 우리가 보는 것 듣는 것 느끼는 것 모두가 예술이 될 수는 없다. 예술이란 우리에게 감각적인 느낌만이 아니라 정신적인 충족감을 주기 때문에 그 가치가 있다. 좋은 요리도 그래야 한다. 좋은 요리란 단지 먹는 것이 아니라 우리에게 정신적인 충족과 행복을 줄 수 있어야 한다. 그것도 단순히 미각적인 것뿐만 아니라 시각, 청각, 후각, 촉각 그 모두를 충족시킨다. 그러니 힘들고 어려운 예술이다.

요리에 관한 박우덕의 끝없는 이야기를 나는 거의 경외심을 가지고 들었다. 이제까지 나는 그가 광고 외에는 취미도 없고 관심도 없는 사람으로만 알고 있었다. 그러나 그것이 아니었다. 나는 그날 박우덕의 요리 강의를 들으며 나야말로 세상을 얼마나 멋없이 살아왔는가를 절실하게 느끼지 않을 수 없었다.

게다가 그의 마지막 한마디가 가슴속에 깊이 남았다.

"가만 보면 좋은 광고 만드는 것이나 좋은 요리 만드는 것이나 다를 게 없어요."

그때 문득 『식객』이란 만화에서 읽었던 레오나르도 다빈치에 대한 이야기가 생각이 났다. 다빈치의 원래 희망은 요리사였다고 한다. 그래서 그런지 냅킨을 만들었고 스파게티를 맛있게 먹기 위해서 포크도 발명했다고 한다. 심지어 「최후의 만찬」을 그릴 때도 예수나 제자들보다 그 앞에 놓인 음식에 더 심혈을 기울였다고 하니 단순한 취미 정도가 아니었던 모양이다.

알렉산더 뒤마도 무려 1001가지의 요리를 모아 『요리 대사전』을 집필했다고 하니 요리야말로 특별한 예술적 재능을 가진 사람들의 영역이라는 생각이 들었다.

요리에 관한 박우덕의 이야기를 들으며 그가 별다른 취미가 없이 살고 있다는 나의 생각을 바꾸지 않을 수 없었다. 그야말로 최고의 취미를 가지고 있었다.

나는 잿빛으로 가라앉은 창 밖을 보며 상상했다. 언젠가 마음 통하는 광고인들과 더불어 박우덕이 해 주는 요리를 맛볼 수 있을 것이라고. 아마도 그의 광고만큼이나 멋있고 맛있는 최고의 식탁이 될 것이다.

3장

여름에 피는 꽃은 보이지 않는다

여름에 피는 꽃은 보이지 않는다

정말로 오랫동안 하고 싶던 여행이었다.

대개의 여행이란 목적지가 결정되어 있고 스케줄이 정해져 있다. 그러다 보니 때로는 그 계획에 얽매여서 여행이 고달파지는 경우가 있다. 모처럼 떠난 여행이 마치 큰 노동을 하고 난 다음과 같을 때가 있는 것이다. 그런 후엔 여행을 마치고 집에 돌아와 하는 첫마디가 있다.

"아이고, 내 집이 제일 편하구나."

꼭 그런 이유 때문만은 아니지만 언제부터인가 아무 것에도 구속받지 않는 여행을 하고 싶었다. 그러나 마음만 그럴 뿐 막상 실행에 옮길 엄두를 내지 못했는데 마침 식목일 연휴가 겹쳐 4, 5일 정도 여유가 있어서 크게 마음을 먹고 일단 떠나기로 했다.

떠나는 날과 돌아오는 날만 정해 놓고 아내와 나는 여행책자 한 권만을 달랑 들고 무작정 차를 몰고 나섰다. 집 앞 네거리에서 잠시 망설이다가 일단 서해안 고속도로 쪽으로 방향을 잡았다. 문득 지금까지 살면서 이상하게도 전라도 방향으로는 별로 가 본 일이 없다는 생각이 들었기 때문이다.

연휴 전날이어서 그런지 서해안 고속도로는 드문드문 차가 보일 뿐 시야가 훤하게 뚫려 있었다. 처음에는 규정 속도로 달리고 있었는데 끊임없이 옆으로 다른 차들이 총알처럼 스쳐지나 갔다. 은근히 경쟁 심리도 발동하고 모처럼 한가한 고속도로에서 달려 보고 싶은 생각도 들어 꽤 빠른 속도로 차를 몰았다.

미상불 시내에서 운전을 하는 것과는 느낌이 달랐다. 처음에는 다소 긴장이 되었으나 곧 속도감에 익숙해지자 가슴이 탁 트이는 느낌이 들었다. 아, 이런 느낌 때문에 위험천만한 레이싱을 즐기는구나 싶은 생각이 절로 들었다.

그렇게 얼마쯤 달렸을까, 문득 시선을 끄는 표지판이 보였다.

"선운사(仙雲寺)."

어느 해 여름인가 카피라이터 김태형 선생과 장어집에서 점심을 먹다가 반주로 곁들인 복분자 술에 흥이 올라 저녁까지 자리가 길어진 기억이 있다.

복분자라면 선운사 앞이 본 고장이다. 뿐만 아니라 풍천의 장어로도 유명한 곳이다. 마침 가 본 일이 없는 곳이어서 선운사 쪽으로 차를 몰랐다.

아마 오후 3시가 넘었을 것이다. 아내와 나는 선운사 입구의 장어집에서 때늦은 점심을 먹으며 복분자 술을 몇 잔 마셨다. 두 사람이 다 술을 잘하지 못하는 편이어서 채 반병을 마시지 않았는데도 은근히 얼굴이 달아올랐다.

술도 깰 겸 선운사 경내를 한 바퀴 돌다 보니 뒷산을 가득 메우고 있는 동백나무숲이 눈에 들어왔다. 봄이라고는 하나 아직 나무들이 새싹을 틔우기엔 이른 철이었다.

지난겨울의 을씨년스러운 흔적들 속에 동백나무숲만이 마치 사막 한가운데의 오아시스처럼 짙푸른 녹색이었다. 그리고 그 속에 붉은 점이 곳곳에 찍혀 있었다. 동백꽃이었다.

솔직히 동백꽃은 화려하지도 않고 특별히 아름답지도 않은 꽃이다. 그러나 다른 꽃이 피어나지 않는 겨울철에 홀로 피어 있어 사람들의 눈길을 끈다. 특히 철 늦은 눈이라도 내리면 동백꽃은 마치 한을 품고 내뱉은 핏자국 같은 처연함이 있어서 더욱 눈에 뜨인다. 그래서 유난히 사연도 많고 붙여지는 의미도 많은 꽃이다.

가까이 가 보니 나무 밑에 툭툭 떨어진 낙화들이 더욱 애절해 보였다.

봄을 맞아 다른 꽃들이 피어날 준비를 하고 있는 계절에 먼저 피었다가 홀로 지는 꽃이란 좋은 세월을 보지 못하고 요절한 혁명가와도 같은 비극적인 느낌을 준다.

나이 탓이었을까, 떨어진 동백꽃에 마음마저 가라앉아 되돌아 나

가부시마.
괭이 갈매기들 때문에 발 딛을 틈이 없었다.

오는 길에 내 눈앞으로 떨어지고 있는 것이 또 있었다. 길가에 줄지어 피어 있던 벚꽃들이 이따금 부는 옅은 봄바람에도 견디지 못하고 눈발처럼 흩날리고 있었다.

떨어지는 꽃잎이 아쉬워 가까이 다가가 보니 벚꽃나무 발치 아래 개나리들은 어느새 꽃잎을 떨어뜨리고 연두색 새잎을 아기의 손톱처럼 내밀고 있었다. 봄의 꽃 중에서 벚꽃과 목련은 필 때도 요란하지만 질 때도 호들갑을 떨면서 진다. 그러나 개나리는 하루 이틀 만에 조용히 피었다가 언제 지는지도 모르게 사라져 버리는 꽃이다.

언젠가 개나리는 왜 낙화가 없는가 싶어 자세히 들여다본 적이 있다.

벚꽃과 목련은 질 때가 되면 꽃잎 하나하나가 흩어져 떨어지지만 개나리는 조용히 꽃잎이 아물어 다 시든 후에야 남들 모르게 땅 위에 떨어진다. 그러니 낙화가 보일 리 없다. 그렇게 조용하고 표가 안 나게 피었다 진다. 뿐만 아니라 다른 꽃에 비해 특별히 아름답지도 않고 향기도 그저 그런 꽃이다.

그럼에도 불구하고 개나리는 한국 사람들에게 가장 인상적인 꽃이다. 개나리가 노랗게 피면 우리는 꽃을 보기 전에 봄이 왔음을 먼저 느낀다. 개나리를 통해 한겨울 기다리던 봄을 보는 것이다.

세상의 모든 꽃들은 저마다의 개성과 아름다움을 가지고 피어난다.

하나하나 뜯어보면 개나리보다 못한 꽃이 별로 없다. 그러나 그것들은 눈에 잘 띄지 않는다. 여름에 피기 때문이다. 좀 과장해서 이야기하면 여름에는 꽃밭은 보이지만 꽃은 잘 보이지 않는 것이다.

동백꽃이 눈에 보이는 것은 다른 꽃이 없을 때 피기 때문이고 개나리가 눈에 띄는 것은 봄이라는 의미를 가지고 있기 때문이다. 개나리가 피면 모든 꽃들은 아, 봄이 왔구나 싶어 다투어 핀다.

나는 광고도 그래야 한다고 생각하고 있다. 하나하나 뜯어보면 나무랄 데가 없이 훌륭하고 잘 다듬어진 광고가 의외로 사람들의 주목을 받지 못하는 경우가 많다. 여름철의 아름다운 꽃들처럼 꽃밭 속에 묻혀 있기 때문이다.

크리에이티브를 하는 사람들을 자주 곤혹스럽게 만드는 일 중에 하나가 자신들이 만든 광고에 대해서 광고주의 평가가 일관성이 없다는 것이다. 광고주에게 새로운 광고를 만들어서 보여 주면 처음에는 매우 만족해 한다. 그러다 광고의 효과가 나타날 때쯤 되면 어쩐지 떨떠름한 표정으로 의심을 하기 시작한다. 처음 생각했던 것만큼 효과가 없다고 생각하기 때문이다.

광고주가 광고를 보는 시각은 그들이 좋아하는 꽃을 보는 태도와 다름이 없다. 장미와 같은 취향을 가진 광고주에겐 장미의 화려함처럼 광고를 만들어 주면 좋아한다. 백합의 취향을 가진 광고주에겐 깔끔하고 품위 있게 만들어 주면 별 탈이 없다. 자기 취향대로만 집중적으로 보기 때문이다.

그러나 소비자의 시각은 그렇지가 않다. 광고를 주의 깊게 보는 것이 아니라 전체적으로 뭉뚱그려서 본다. 그러다 보니 어느 것이 장미이고 어느 것이 백합인지 찾아내기가 쉽지 않다. 꽃밭 속에 묻히게 되면 장미의 화려함은 사라지고 만다. 백합 역시 꽃밭 속에선 그저 수많은 꽃들 중에 하나일 뿐이다. 꽃밭만 보일 뿐 꽃은 보이지가 않는 것이다. 꽃이 보이지 않으니 장미의 화려함도 있을 수 없고 백합의 청초함도 의미가 없다. 그래서야 추운 겨울철에 투박하게 피어나는 동백꽃이나 봄을 알리는 개나리보다 나을 것이 없는 것이다.

빌 번벅도 이렇게 말했다고 한다.

> 만약 그대의 광고가 소비자의 눈에 띄지 않고 지나간다면 모든 것이 공리공론일 뿐이다.(If your advertising goes unnoticed, everything else is academy.)

나는 한동안 발을 멈추고 동백나무숲을 배경으로 흰눈처럼 흩날리는 벚꽃들을 바라보았다. 그리고 나는 과연 어떤 광고를 만들었던가 생각해 보았다. 아무리 머리를 쥐어짜 보아야 겨울철의 동백이나 이른 봄의 개나리와 같은 광고를 만든 기억이 없었다. 그저 꽃밭 속에 묻혀 있는 평범한 꽃들을 열심히 만들었을 뿐이었다.

어느새 술기는 말끔히 가셔 있었다. 아내가 옷소매를 잡아끌며 내게 물었다.

"아니, 뭘 그렇게 생각해요?"

또 한 차례 바람이 지나갔는지 벚꽃 잎들이 어지럽게 떨어지고 있었다.

화가의 시각

나는 한 달에 두어 번씩 광화문 쪽으로 간다.

방송광고공사에서 공익광고 위원회가 열리기 때문이다. 대개 지하철을 이용하지만 이따금 차를 가지고 가기도 한다. 지하철이야 별 문제가 없지만 차를 가지고 가는 경우는 정해진 시간에 맞추어 가기가 여간 불안한 것이 아니다. 그래서 비교적 시간의 여유를 가지고 출발한다.

그런데 어느 때는 터무니없이 일찍 도착하는 경우가 있다. 그런 날은 텅 빈 회의실에 혼자 앉아 있기가 민망해서 차를 세워 놓고 근처에서 시간을 보내다가 회의 장소로 간다.

다행히 방송광고공사가 있는 건물의 일층에는 꽤 큰 규모의 전시실이 있어서 거의 1년 내내 전시회가 열린다. 일찍 도착하는 날은 그곳에서 잠시 시간을 보내기가 아주 좋다. 처음에는 시간이 남아 있을 때만 그곳에 들렀는데 요즘에는 전철을 이용할 때도 아예 그 전시실에 들를 시간까지 감안해서 출발한다. 나름대로 은근한 즐거움이 있기 때문이다.

우선 오늘은 어떤 작품들이 전시되어 있을까 하는 기대가 있다. 이따금 내 취향과 어긋나는 작품들이 있기는 하지만 공짜로 보는 것이니 타박할 처지가 못된다. 그러나 요행히 마음에 드는 그림이나 조각이 전시되어 있으면 30분 정도는 금방 지나간다.

일반적으로 나는 마음에 드는 작품들이 전시되어 있으면 두 번쯤 둘러본다. 한 번은 대강 훑어보면서 마음에 드는 작품들을 골라 놓는다. 그런 다음 두 번째는 마음속에 점찍어 놓았던 작품들 앞에서 충분한 시간을 가지고 찬찬히 살펴본다. 그러면서 약간의 상상력을 발동시킨다. 작품의 크기나 성격을 보아 가면서 마치 내가 그 작품을 사서 집에다 갖다 놓는다고 생각을 하는 것이다.

거실이 좋을까, 아니면 침실 쪽이 나을까, 아니 식당 쪽이 낫겠는데 하면서 마음속으로 요리조리 배치도 하고 걸어도 본다. 물론 한번도 작품을 사 본 적은 없다. 그러나 그런 상상을 하는 것만으로도 마음이 뿌듯해진다. 언젠가는 마음에 꼭 드는 그림이 있기에 가격을 물어본 적이 있다. 생각보다 크게 비싸지 않아서 그 정도면 큰맘먹고 사 볼까 싶었는데 마침 작가가 전시장에 있다기에 만나 보았다.

그랬더니 그분의 이야기가 뜻밖이었다.

"그림은 한번 보고 사지 마세요. 며칠 더 전시되니까 한 번 더 와 보시고 그때도 마음에 드시면 결정하세요."

결국 나는 그 그림을 사지 못했다. 깜박 잊고 있다가 며칠 후에 다시 갈 일이 있어 전시장에 들렀더니 그 새 이미 전시회는 끝나 있었다. 사려고 마음먹었던 그림이어서 그런지 왠지 아쉬워서 한동안 그 그림이 내 눈앞에 아른거렸다.

그러나 나는 요즘도 그 그림을 가끔 보고 있다. 내가 걸어야겠다고 생각했던 거실의 벽면을 볼 때마다 마음속에 그 그림이 떠오르기 때문이다. 일종의 무임승차와 같은 것이긴 해도 그것 또한 전시회에서 얻을 수 있는 또 하나의 즐거움이다.

아무튼 좋아하는 그림을 마음 편하게 살 수 있는 형편은 아니지만 나는 그림을 매우 좋아하는 편이다. 단지 보는 것만을 좋아하는 것이 아니라 직접 그려 보고 싶은 생각이 제법 있다. 아직도 언젠가 기회가 되면 본격적으로 그림을 배우겠다는 꿈을 가지고 있다. 그러나 마음만 그럴 뿐 아직 실행에 옮기지는 못하고 있다.

사실 나는 누구보다도 많은 그림을 그렸다고 할 수 있다. 아마도 내가 그린 그림을 다 모아 두었다면 수천 점은 족히 될 것이다. 내가 만든 광고의 아이디어 스케치를 내가 직접 그렸기 때문이다. 물론 광고 콘티의 간단한 스케치를 그림이라고 말하기는 어렵지만 그 정도만 해도 보통 사람들보다는 그림과 인연이 많은 편이라고 할 수 있다.

지금도 여행을 할 기회가 있으면 꼭 빼 놓지 않고 챙기는 것이 자그마한 스케치북이다. 대개 빈손으로 돌아오는 경우가 많지만 어쩌다 시간이 나면 몇 장씩 연필 스케치를 그려 오기도 한다. 나중에 보면 어설프기 짝이 없지만 그저 별 생각 없이 찍은 사진을 볼 때보다는 한결 마음이 뿌듯해진다. 그리고 그 그림을 그릴 때의 정황이 생생하게 기억이 난다.

일반적으로 우리가 어떤 현상이나 사물을 보게 될 때엔 전체적인 것만 대강 보고 판단을 한다. 그러나 시간이 지나면 그것이 전부가 아니었음을 깨닫게 되거나 아니면 보았다는 사실조차 까맣게 잊는 경우가 종종 있다.

그런데 그림을 그리면 사물을 정확히 보는 능력이 생긴다. 그리고 오래 기억할 수 있다. 아무래도 한 가지 대상을 여러 차례 반복해서 보기 때문에 그럴 것이다. 똑같은 것을 반복해서 보면 처음에는 보지 못했던 것을 보게 되고 결국은 남보다 많은 것을 보게 된다.

그런 점에서 광고를 하는 사람들도 실제로 그림을 그리는 것과 관계없이 사물을 보는 과정에서만큼은 '화가와 같은 시각'이 필요하다는 생각이 든다. 흔히들 광고의 크리에이티브란 남들이 모르는 새로운 것을 만드는 것으로 생각하기 쉽다. 그러나 그런 새로움이란 자칫하면 자기 혼자만의 것이 되기 쉽다. 광고에서 남들이 이해하지 못하는 새로움이란 별로 의미가 없다.

광고의 새로움은 남들도 다 알고 있는 것 중에서 남들이 미처 찾아내지 못했던 것을 찾아내야 놀라움이 있다. 그런 것을 찾아내기 위해서는 사물을 보는 시각이 남들보다 달라야 한다. 그리고 그런 능력을 키우는 데는 그림 그리기가 아주 효과적인 것이다.

내 경우는 아무리 간단한 스케치를 하더라도 최소한 10분은 걸린다. 좀 사이즈가 크고 복잡한 대상일 경우는 거의 한 시간 정도가 걸리는 때도 있다. 정해진 대상을 그 정도로 반복해서 보면 아마도 수십 번은 보게 될 것이다. 그러다 보면 처음에는 보이지 않던 것이 구석구석 다 보인다.

이따금 여행길이 바빠서 한가하게 스케치를 할 수가 없는 경우가 있다. 그럴 때면 사진을 찍어 두었다가 나중에 스케치를 한다. 그런데 이상한 것은 그렇게 그린 그림치고 마음에 드는 경우가 별로 없다. 한두 번은 그저 그릴 때의 컨디션이 별로 좋지 않아 그런가 보다 싶었다. 그러나 여러 번 그 같은 경험을 하고 난 뒤에 나는 그림을 그리는 데도 현장의 감정이 중요하다고 결론지었다.

이따금 나는 편한 손님과 어울리는 술자리에서 가끔 노래를 부른다. 그런데 노래를 부르는데도 일종의 징크스와 같은 것이 있어서 흔히 가라오케라고 하는 기계 반주에 맞춰서 노래를 부르거나 또는 가사를 확실히 몰라서 자막을 보고 부르게 될 때면 열이면 열, 잘 불렀다는 생각이 들지 않는다. 남들이야 평소와 별로 차이가 없었다고 이야기하지만 내 기분은 전혀 그렇지가 않다.

아마추어의 노래는 우선 자기감정에 맞아야 기분이 난다. 그런데

터키 카파토키아.
바위산과 사람들의 삶이 한 덩어리였다.

내 느낌과 전혀 관계가 없는 기계 반주에 맞추거나 가사를 읽느라고 정신이 팔려서야 감정 같은 것이 생길 수가 없다. 감정이 없이 부른 노래는 어쩐지 복사판 그림을 보는 것 같아서 뒷맛이 허전하다. 사진을 보고 그린 그림도 이와 비슷한 느낌을 준다.

사진이란 특별한 재능을 가진 작가가 찍지 않는 한 화면 속에 자신의 감정을 담아내기가 쉽지 않다. 특히 나와 같은 비전문가가 찍은 사진이란 더욱 그렇다. 그 안에는 바람에 흔들리는 나뭇잎의 움직임도 없고 귓전에 울려 퍼지는 물소리도 없다. 살아 있지가 않은 것이다. 그래서 그런지 사진을 보고 그린 그림은 비슷하게 곧잘 그렸다 싶으면서도 정작 마음에는 들지 않는 것이다. 아마도 다른 사람은 눈치 채지 못할 것이다. 그러나 나 자신은 어쩐지 감정 없이 부른 노래처럼 허전한 느낌을 지울 수가 없다.

광고에서도 마찬가지이다. 머리로만 만든 광고는 어딘가 삭막하고 느낌이 없어 보인다. 무슨 소리인가는 알겠지만 가슴을 울리는 느낌이 없는 것이다. 공감을 한다는 것은 이성적인 판단보다는 무엇인가 마음속으로 전해 오는 느낌이 있을 때 그 깊이가 생겨난다.

화가에게 왜 살아 있는 모델이 필요한지 전에는 알지 못했다. 그러나 서툰 그림이나마 그려 보고 나니까 현장이 주는 특별한 느낌이 있다는 것이 조금은 이해가 되었다. 그러고 보니 지금 와서 후회가 되는 일이 한두 가지가 아니다.

이제껏 내가 보았던 모든 사물과 현상을 직접 그리지는 못했을망정 화가와 같은 시각으로 보고 그 느낌들을 메모로라도 남겨 두는 습관을 가졌다면 훨씬 남들보다 많은 것을 보고 많은 것을 표현할 수 있었을 것이다.

나는 광고를 만드는 데는 감각보다 더 중요한 것이 세상을 살면서 터득하게 되는 인생의 감정이라고 믿고 있다. 감각이야 다른 사람의 재능으로도 보완할 수 있지만 인생의 감정이란 어느 정도 세상을 살아 보아야만 깨닫게 되는 것이다. 흔한 얘기로 밥 그릇 지혜가 있는 것이다.

그런데 문제는 나이만 들었다고 그런 것을 모두 다 알게 되는 것이 아니라는 점이다. 경험이란 내 안에 축적되고 소화되었을 때만 의미가 있다. 따라서 내 눈앞에 스쳐 가는 모든 사물과 현상을 한번쯤만 의미를 되새기며 주의 깊이 살펴보기만 했다면 지금쯤 나는 엄청난 경쟁력을 가지고 있을 것이다.

우리가 세상을 살면서 청년의 시대에는 데생을 하고 장년의 시대에는 채색을 한 뒤에 노년에 이르러 자신이 그린 자화상을 기분 좋게 감상할 수 있다면 아마도 성공한 사람 축에 낄 것이다. 그런데 나는 아직까지 제대로 그려 놓은 자화상이 없다는 느낌이 든다. 그래서 진작부터 내 인생의 그림을 그리지 못한 것에 대해 후회하고 있다. 하긴 뒤늦게 깨닫는 것도 인생의 아이러니라고 할 수 있지만 마음속의 아쉬움만은 어쩔 수 없다.

나는 요즘 스케치북과 연필, 지우개 그리고 연필 깎기 등을 아예 차에 싣고 다닌다. 그리고 시간만 나면 펼쳐 든다. 아마 한 1년쯤 지나면 내 그림 실력도 조금은 쓸 만해져서 남들에게 선물을 하더라도 흉하지 않을 것이다.

그때를 생각하며 열심히 스케치를 한다. 그리고 열심히 세상을 본다.

얼음이 녹으면 무엇이 됩니까?

얼마 전에 TV에서 설마 저런 일이 정말로 있을까 싶은 뉴스가 나왔다. 길에서 사망한 한 남자를 가족의 확인까지 거쳐서 장례를 치렀는데 며칠 후에 본인이 멀쩡하게 살아서 돌아왔다는 뉴스였다.

아무리 사망한 사람이라고는 해도 몇십 년을 함께 살아온 아내와 장성한 딸이 몰라보았다니 도저히 상식적으로 납득이 가지 않는 일이었다. 그것도 수십 년 떨어져 있었던 것이 아니라 가출한 지 불과 몇 달 정도밖에 되지 않았다고 한다. 그 뉴스를 듣고 있는 나도 황당한데 막상 당사자들이야 얼마나 놀라고 당황했을까를 상상하기가 어렵지 않다.

그 사람들에게 어떤 사연이 있어서 그런 일이 일어났는지 자세히는 알 수 없으나 내 짐작으로는 아마도 고정관념의 탓이 아니었을까 생각하고 있다. 정황으로 보아 자신의 남편, 자신의 아버지가 틀림이 없다고 생각하면서 보니까 엉뚱한 사람의 얼굴이 그렇게 보인 것이다.

마치 비트켄슈타인의 오리 토끼 그림과 같다.

같은 그림을 놓고 오리라고 생각하고 보면 오리로 보이고 토끼라고 생각하고 보면 토끼로 보이는 것과 같은 것이다.

일반적으로 사람들은 자기 눈으로 직접 본 것에 대해서는 절대적으로 믿는 경향이 있다. 그런데 사실은 직접 눈으로 보았다는 것이 이따금 문제를 일으킨다.

그들 모녀도 자신들의 눈으로 확인을 했으니까 틀림이 없다고 생각했을 것이다. 그러나 불행하게도 그들은 시체를 보기 이전에 이미 자신의 남편, 자신의 아버지가 틀림이 없다는 고정관념을 가지고 보았고 결과적으로 자기들의 생각대로 믿어 버린 것이다.

우리가 사물을 보는 태도도 마찬가지이다. 어떤 생각과 어떤 느낌을 가지고 보느냐에 따라 똑같은 사물이 달리 보일 때가 있다.

새 소리를 놓고도 서양 사람들은 'birds singing' 이라고 표현하는데 우리는 '새가 운다' 라고 표현한다. 낙관적인 생

각을 가지고 보면 새가 노래하는 것으로 들리고 비관적인 생각으로 보면 새는 언제나 울기만 한다.

우리는 "화창한 봄날, 종달새가 하늘 높이 날아오르며 즐겁게 지저귀고 있다."는 식으로 표현한다. 아무리 상상해 보아도 슬픈 그림이 아닌데 '지저귄다' 라는 표현을 쓴다. '지저귄다' 라는 말은 새가 계속해서 울며 부르짖는다는 뜻이다. 그런 표현을 하게 되는 것 역시 새는 운다는 고정관념을 가지고 있기 때문이라고 할 수 있다.

흔히 사람들은 아는 것만큼 보고, 보고 싶은 것만을 본다고 이야기한다. 그런데 그 안다는 것, 보고 싶다는 것이 무엇인지 생각해 볼 필요가 있다. 그것들은 우리가 새로운 현상이나 사물을 보기 이전에 이미 우리 머릿속에 들어가 있는 고정관념이다. 그런 고정관념을 토대로 우리는 사물을 판단한다. 그런데 문제는 우리가 고정관념의 지배를 받고 있으면 새로운 것을 볼 수도 없고 찾아낼 수도 없다는 점이다.

역사적으로 유명한 발견을 했던 사람들을 보면 모두가 당연하다고 생각하고 있던 고정관념에 대해서 의문을 가졌던 사람들이다.

사과가 떨어지는 것이 아니라 땅이 당기는 것은 아닐까?

해가 움직이는 것이 아니라 지구가 돌고 있는 것은 아닐까?

지구는 평평한 것이 아니라 둥근 것은 아닐까?

아마도 그 당시에는 그런 의문 자체가 황당했을 것이다.

오죽하면 갈릴레이에게 지동설을 포기하지 않으면 죽이겠다고 위협을 했겠는가. 그만큼 완강한 것이 고정관념이다.

나는 광고의 효과라는 것도 소비자의 머릿속에 들어 있는 일종의 고정관념이라고 생각하고 있다. 서로 비슷한 제품에 대해서 소비자들은 어떤 것은 좋고 어떤 것은 그보다 못하다는 생각을 가지고 있다. 따라서 광고를 만든다는 것은 소비자들에게 어느 특정한 상품에 대한 긍정적 고정관념을 심어 주고 그 생각을 토대로 다른 경쟁상품을 판단하게 하는 기준이 되도록 만드는 행위인 것이다.

辛라면(신라면)이 많이 팔리는 것은 그것이 라면 맛의 기준이라는 생각이 은연중에 작용하기 때문이다. 진로소주가 잘 팔리는 것은 그것이 소주의 기본이라는 생각을 하고 있기 때문이다. 광고를 통해서 그런 고정관념을 남들보다 먼저 만들어 준 덕분에 다른 라면과 소주는 그 벽을 극복하기가 쉽지 않다.

그런 현상을 보면 소비자는 단순히 제품만을 사는 것이 아니라 제품에 대한 인식을 사는 것이라고 볼 수 있다. 따라서 효과적인 광고란 단순한 제품 설명만으로는 부족하다. 제품에 대한 심리적인 가치를 만들어 주고 긍정적인 인식을 만들어 주어야 한다.

그렇기 때문에 새로 개발된 신제품이 광고하기에는 비교적 쉽다.

남들이 미리 만들어 놓은 고정관념이 없기 때문이다.

딤채는 김치만의 전용 냉장고로 개발되었다.

장기 보존을 해야 하고 또 끊임없이 발효를 하고 있는 김치야말로 전용 냉장고가 필요하다는 새로운 고정관념을 딤채는 소비자의 머릿속에 최초로 심어 주었다. 그리고 곧바로 리딩 브랜드가 되었다.

뒤늦게 다른 가전제품회사들이 기능과 디자인이 개선된 김치냉장고를 개발하고 광고비도 엄청나게 쏟아 부었으나 딤채는 아직도 그 분야 넘버원이다.

이미 소비자의 머릿속을 선점한 고정관념의 힘 때문이다.

미원이 처음 나왔을 때, 미원은 음식의 맛을 내는 데 꼭 필요한 조미료라는 고정관념을 소비자의 머릿속에 성공적으로 심어 주었다.

곧 뒤따라 나온 미풍은 제품의 질이나 가격에 문제가 없었을 뿐 아니라 여러 해 동안 수십 배의 마케팅 비용을 썼음에도 불구하고 결국은 미원의 벽을 넘지 못했다. 미원이 선점한 고정관념의 벽이 높았기 때문이다.

알 리스와 잭 트라우트가 쓴 『마케팅 불변의 법칙』 제1장을 보면 "더 좋은 것보다 맨 처음이 낫다."라고 되어 있다.

처음이어야 고정관념을 만들기 쉽기 때문이다.

그러나 현실적으로 그런 상품을 만나기가 쉽지 않다.

광고를 만들게 될 때, 대개의 경우는 시장을 선점하고 있거나 소비자의 마음속에 미리 들어 가 있는 경쟁 제품들이 있다. 이미 형성된 고정관념이 있는 것이다. 그럴 땐 도리 없이 미리 형성된 고정관념을 지워야 한다.

크라운 맥주는 한때, 영원한 2등이었다. 맥주의 맛은 OB가 기본이라는 고정관념이 있었기 때문이다. 그러나 어느 날, 맥주의 맛은 '물'이 결정한다는 새로운 기준이 생겨났고 그것이 맥주를 선택하는 새로운 고정관념이 되었다. 그 힘으로 하이트는 1등이 되었다.

그러나 무턱대고 새로운 주장을 한다고만 해서 새로운 고정관념이 생겨나는 것은 아니다. 그림을 그릴 때도 빈 캔버스에 그리는 것이 쉽다. 미리 그려진 그림이 있으면 그것을 지우기가 훨씬 더 힘이 든다. 광고도 같다. 먼저 형성된 고정관념이 있다면 그것을 지우기가 쉽지 않다. 잘못되면 지우지도 못하고 내 그림도 그리지 못한다. 그럴 땐 일단은 피해 가는 것이 상책이다.

『마케팅 불변의 법칙』 제2장.

"맨 처음이 될 수 없다면 처음이 될 수 있는 영역을 개척하라."

미원이 몰락하고 조미료 시장이 바뀐 것은 미풍 때문이 아니었다. 천연조미료라는 새로운 시장이 생겨났기 때문이다.

이 세상에는 두 가지 조미료가 있다. 하나는 화학조미료이고 또 다른 하나는 천연조미료이다. 그리고 다시다는 최초의 천연조미료이다. 소비자들에게 새로운 기회와 새로운 제품을 제시하고 그것에 따른 최초의 고정관념을 소비자에게 심어 주었기 때문에 조미료 시장의 역전이 가능했던 것이다.

생각해 보면 광고를 한다는 것은 끊임없이 새로운 고정관념을 만들어내거나 아니면 이미 소비자의 머릿속에 형성되어 있는 고정관념을 파괴하고 그 대신에 또 다른 고정관념을 만드는 일의 반복이 아닌가 싶다.

그러자면 광고를 만드는 사람 자신이 사물을 보는 태도나 생각하는 방식이 일상적인 고정관념의 함정에서 먼저 벗어나 있어야 한다.

과학시간에 선생님이 아이들에게 물었다.

"얼음이 녹으면 무엇이 됩니까?"

물론 대부분의 아이들은 물이 된다고 이야기했다.

그러나 그중에 한 아이만은 이렇게 대답했다.

"얼음이 녹으면 봄이 됩니다."

이 에피소드는 광고를 하는 사람들에게 두 가지 상징적인 암시를 주고 있다. 하나는 남들과 똑같이 생각해서는 새로운 것을 볼 수 없다는 것이고 또 다른 하나는 남들과 똑같이 표현해서는 아무도 관심을 갖지 않는다는 것이다.

그런 점에서 나는 뛰어난 광고인이 되기 위해서는 남다른 시각과 상상력이 있어야 한다고 생각하고 있다.

TV 프로그램 중에 「전파견문록」이란 것이 있었다.

5, 6세 정도의 어린이에게 문제를 내게 하고 어른들이 질문을 하면서 답을 맞히는 오락 프로인데 그 프로를 볼 때마다 나는 늘 깜짝깜짝 놀랐다. 지극히 평범한 사물이나 현상을 보는 어린이들의 시각이 그야말로 기발했기 때문이다.

어른들은 도저히 상상조차 할 수도 없는 것들을 어린이들은 보고 있었다. 문제 하나하나가 놀라움이었고 충격이었다. 그리고 뛰어난 창의성이 있었다. 아는 것으로만 따진다면 어린이들은 어른들과는 비교가 되지 않는다. 그럼에도 불구하고 사물을 보는 시각은 어린이들이 훨씬 더 다양하고 창의적이었다.

사물에 대한 고정관념이 없어서 생각이 자유롭기 때문이다.

나는 그 프로그램을 보면서 만약 우리가 다섯 살 정도의 어린이처럼 세상을 자유롭게 볼 수만 있다면 광고의 크리에이티브란 것도 별로 어려운 일이 아닐 수도 있다는 생각을 했다.

그러나 유감스럽게도 그렇게 살 수가 없다. 이미 우리는 아는 것이 너무 많다는 용서받지 못할 죄 때문에 고정관념이란 감옥 속에 무기한으로 갇혀 있는 죄수이기 때문이다.

"얼음이 녹으면 무엇이 됩니까?"

"네, 물이 됩니다."

오늘도 씩씩하게 남들과 똑같은 대답을 하면서 열심히 광고를 한다.

필립을 타도하자

얼마 전 환경부에서 하고 있는 라디오 캠페인 광고를 들었다. 광고의 내용은 발명대회에서 상을 받은 문경 신기초등학교의 김동훈이라는 학생이 자신의 발명 내용에 대해서 이야기하는 것이었다. 수도꼭지를 틀면 동시에 수조의 마개도 잠겨서 물을 절약할 수 있는 장치를 만든 모양이었다.

그러나 내가 그 광고에 대해서 관심을 갖게 되었던 것은 광고의 내용이 아니라 그 광고가 만들어진 형식 때문이었다.

광고는 분명히 "저는 문경 신기초등학교의 김동훈입니다."로 시작되는데 막상 그 음성의 주인공은 누가 들어도 분명한 성인 여자 성우의 목소리였다.

처음에는 무심히 들어 넘겼는데 몇 번 반복해서 듣다 보니 어느 순간엔가 광고를 저렇게 해서는 안 되는 것이 아닌가 하는 생각이 들었다.

무슨 이유로 그 광고에 성인 여자 성우를 기용했는지는 알 수 없으나 그런 형식의 광고라면 당연히 본인의 목소리라야 설득력이 생긴다. 정 어쩔 수가 없는 사정이 있었다면 최소한 동년배의 아동이 녹음을 했어야 할 것이다. 그래야 그 녀석 참 장하다든가, 아니면 그 아이 참 똑똑하구나라는 느낌이 들고 어린아이도 그런데 나도 신경을 좀 써야겠다는 마음이 들 것이다. 당연히 훈련된 성우보다는 서툴고 거칠겠지만 듣는 사람의 입장에서는 그쪽이 훨씬 믿음이 가고 무엇인가 생각하게끔 만드는 힘이 생긴다.

우리가 누군가를 설득을 하는 경우에 가장 중요한 것이 상대로부터 신뢰를 받는 일이다. 아무리 내용이 훌륭해도 말하는 사람이 믿을 수 없다고 생각하면 공감을 할 수가 없다. 당연히 설득이 되지 않는다.

그럴 때 마음속으로 하는 이야기가 있다.

"너나 잘하세요."

사람은 누군가로부터 설득을 당한다고 생각하면 심리적으로 거부감을 갖는다. 본능적으로 자기방어의 경계심이 생기기 때문이다. 따라서 누군가를 설득하려고 하면 우선 상대가 가지고 있는 경계심을 풀어 주고 믿음을 주어야 한다.

일반적으로 소비자들은 광고를 확실하게 믿지 않는 경향이 있다. 광고주가 자사의 상품을 팔기 위해서 소비자들을 현혹시킬지도 모른다는 경계심이 있기 때문이다. 하물며 광고를 하면서 "저 광고는 믿을 수 없다."라는 느낌을 주면 차라리 광고를 하지 않느니만 못한 것이다.

그래서 광고는 일단 진지한 태도로 만들어야 한다.

어느 날 학교에서 그런 내용으로 강의를 했더니 어느 학생이 질문을 했다.

"그렇다면 광고는 늘 심각해야 됩니까? 실제로 코미디 광고도 있고 유머 광고도 많은데 그런 광고는 효과가 없나요?"

물론 그렇지 않다. 유머야말로 뛰어난 광고의 수사이다.

현대 광고의 아버지라고 할 수 있는 데이비드 오길비 같은 사람은 유머나 코미디 스타일의 광고에 대해서 이렇게 말했다고 한다.

"누구도 어릿광대에게서 물건을 사려고 하지는 않는다."

그러나 지금 어느 광고인도 그의 주장에 동의하는 사람은 없을 것이다.

찰리 채플린을 단순한 어릿광대라고 생각하는 사람은 없다. 그의 연기는 보기에는 우스꽝스럽지만 온 몸으로 표현되는 의미는 매우 철학적이다. 그래서 더욱 강렬하고 인상적이다.

훌륭한 코미디는 잘 만든 비극보다 오히려 더 진지할 때가 많다.

그런 점에서 광고에서 활용되는 유머나 코미디는 단순한 말장난으로 끝나서는 부족하다. 의도하는 목적이 분명하고 전달하는 의미가 있어야 한다.

하노이 호치민 집무실.
수도승의 거처처럼 맑고 소박했다.

이따금 감당할 수 없는 슬픔을 당한 사람들의 울음보다 오히려 자신도 모르게 터져 나오는 허탈한 웃음이 우리에게 더 비극적으로 보일 때가 있다. 또 억제할 수 없는 기쁨 때문에 웃음보다 눈물이 먼저 나오는 경우가 있다. 웃음이 때때로 극단적인 슬픔의 표현일 수도 있고 울음 또한 극단적인 기쁨의 표현이 될 수도 있는 것이다.

광고를 진지한 태도로 해야 한다는 것은 표현의 스타일을 의미하는 것은 아니다. 표현이 어떤 것이 되었든 간에 광고를 만드는 태도가 중요한 것이다.

어느 생명보험회사의 라디오 광고 중에 시집가는 딸이 아버지에게 보내는 편지 형식의 광고가 있었다. 내용이야 별로 특별한 것이 아니었지만 그 내용을 전달하는 분위기가 진지했다. 목소리도 좋은 편이 아니었고 편지를 읽는 어조도 상당히 어눌했다.

그러나 그 광고는 들을 때마다 마음에 와 닿았다. 그 광고를 녹음한 사람이 실제로 본인이었는지는 확인할 수 없지만 편지의 구절구절마다 시집가는 딸의 마음이 절절히 배어 나왔다. 그 광고를 들으면서 딸이 없는 나 같은 사람도 가슴이 뭉클해졌는데 하물며 그런 경험이 있거나 곧 딸을 시집을 보내야 할 사람이 들으면 콧날이 시큰해질 정도였다.

그런 공감이 있어야 광고에 설득력이 생긴다.

광고를 만들다 보면 이왕이면 멋지고 세련되게 만들고 싶은 생각 때문에 기교에 신경을 많이 쓰게 된다. 그런데 이따금 기교가 지나쳐서 광고의 내용이 무엇인지 잘 이해하기 힘든 때가 있다. 포장지가 너무 현란해서 알맹이가 보이지 않거나 아니면 왜소해지는 것이다. 알맹이가 없는 기교란 어쩐지 허망한 느낌이 든다. 마치 소나기가 지난 후에 떴다 지는 무지개와 같다. 보기에는 아름답지만 내것 같지가 않기 때문이다.

매해 11월 11일은 광고의 날이다.

그날이면 광고업계에 기여한 사람들을 상대로 표창도 하고 광고업계의 현안에 대한 강연과 세미나도 한다. 그리고 그 해에 집행되었던 광고들 중에서 가장 우수하다고 생각되는 것을 뽑아 상을 주기도 한다.

올해에는 가장 뛰어난 TV 광고로 삼성생명의 기업 이미지 광고들이 선정되었다. 엄마와 여자 목욕탕 가기를 싫어하는 사내아이와 처음으로 브래지어를 쓰기 시작한 딸아이의 표정이 볼 때마다 푸근한 미소를 짓게 만드는 광고였다.

소재도 특별한 것이 아니었다. 눈을 끄는 기교도 없었다. 그저 잔잔한 우리들의 일상이었다. 그러나 그 광고는 뛰어난 설득력이 있었다.

"아들의 인생은 깁니다."

"딸의 인생은 깁니다. 긴 인생 아름답도록."

특별한 것도 아니고 지극히 일상적인 이야기지만 무엇인가 가슴을 치는 울림이 있었다. 만약 그 광고의 모델이 유명한 탤런트나 배우였다면 아마도 그런 설득력은 기대하기 어려웠을 것이다. 화려하지도 않고 특별히 눈을 끄는 요소도 없으면서 봄비처럼 우리 마음속에 촉촉이 젖어 드는 힘, 그것이 진실의 힘이고 공감의 힘이다.

이따금, 나는 기교적으로 화려하고 매끈하게 잘 만들어진 광고들을 보면서 이런 생각을 할 때가 있다.

"과연 저 광고가 사람들의 마음을 움직이게 할까?"

그리스 아테네의 웅변가인 데모스테네스는 선천적인 말더듬이었다.

그러나 후일, 자신의 라이벌인 아에스키네스에게 이렇게 말했다고 한다.

"사람들은 당신의 웅변을 듣고 말을 참 잘한다고 하지만 내 말을 듣고는 '필립을 타도하자'라고 한다."

필립은 아테네를 침공한 마케도니아의 왕이었다.

광고란 보기 좋게 만드는 것이 아니라 마음이 움직이도록 만들어야 한다.

뻔한 이야기고 너무도 당연한 이야기지만 다시 한번 나 자신에게 물어보지 않을 수 없다.

시는 몇 편 외우니? 유행가는 몇 곡 아는데?

 어느 카드회사의 광고 노래에 이런 것이 있었다.

아버지는 말하셨지, 인생을 즐겨라

웃으면서 사는 인생 자, 시작이다

오늘 밤도 누구보다 크게 웃는다

웃으면서 살기에도 인생은 짧다

그 노래를 처음 들었을 때, 솔직히 나는 상당한 거부감을 느꼈다.

평소에 요즘 젊은이들이 세상을 살아가는 태도가 조금은 가벼운 것이 아닌가 생각을 하고 있었는데 광고 노래에서까지 노골적으로 인생을 즐기라고 부추기는 것이 어쩐지 편하게 들리지가 않았기 때

문이다. 그러다가 문득 머릿속에 떠오르는 노래 한 곡이 있어서 피식
웃었다.

노세, 노세, 젊어서 노세, 늙어지면 못 노나니
화무십일홍(花無十日紅)이요 달도 차면 기우나니
얼시구 절시구 차차차

40년 전쯤에 유행하던 노래이다.

나이가 50이 넘은 사람치고 이 노래를 모르는 사람은 없을 것이다.

야유회 같은 델 가서 술이라도 한잔 걸치면 빠지지 않고 나오던 노
래이다.

가사를 보면 인생을 즐기라는 광고 노래보다 훨씬 더 노골적이고
퇴폐적이다. 멜로디 또한 매우 원색적이어서 아무리 관대하게 보아
도 건전한 노래라고는 할 수 없다. 아마도 당시의 어른들 역시 이 노
래를 부르는 젊은이들이 못마땅하고 한심해 보였을 것이다.

나는 이 노래의 제목이 무엇인지 모른다. 특별히 배우려고 한 적도
없고 남들 앞에서 불러 본 기억도 없다. 그럼에도 불구하고 수십 년
이 지난 지금까지 기억을 하고 있으니 내가 생각해도 놀라운 일이 아
닐 수 없다.

나는 올드 팝송을 제법 많이 알고 있는 편이다. 그리고 술자리 같
은 데서 흥이 나면 가끔 부르기도 한다. 그런데 신기한 것은 그 노래

들 역시 내가 정식으로 배운 적이 없다는 사실이다. 그저 고등학교와 대학교 시절에 라디오나 레코드를 통해 자주 듣기만 했을 뿐이었다. 그런데 지금까지 멜로디는 물론 가사까지 거의 정확하게 기억을 하고 있는 노래가 적지 않다. 아마도 같은 노래를 반복해서 듣고 있는 동안에 그 노래들은 나도 모르는 사이에 내 의식 깊은 곳에 저장되어 있었던 모양이었다.

인생을 즐기라는 그 광고 노래 역시 마찬가지였다.

그저 몇 번 흘려들었을 뿐이었다. 그러다가 어느 날, 나는 깜짝 놀랐다. 운전을 하면서 무의식적으로 그 노래를 흥얼거리고 있는 나를 발견했기 때문이다. 그날뿐만이 아니었다. 그 광고 노래는 때와 장소를 가리지 않고 내 뜻과 관계없이 불쑥불쑥 튀어 나왔다. 그리고 한 번 생각이 났다 하면 마치 물귀신처럼 내 코끝에 착 달라붙어서 하루 종일 떠나지를 않았다.

이따금 특별한 이유도 없이 유행가 한 소절이 머릿속에 떠오를 때가 있다. 특히 무엇엔가 정신을 집중해야 될 때 엉뚱하게 유행가를 흥얼거린 경험은 누구에게나 있을 것이다. 그럴 때마다 생각을 딴 곳으로 돌려 보려고 애를 써 보지만 그러면 그럴수록 한번 떠오른 노래는 집요하게 머릿속에서 떠나지 않는다.

그만큼 노래라는 것은 일단 기억 속에 자리 잡았다 하면 절대로 떨어지지 않는 묘한 접착력을 가지고 있다. 마치 어렸을 때 배운 자전거 타기를 평생 잊지 않는 것과 같다.

노래가 가지고 있는 그런 힘 때문에 나는 흔히 CM송이라고 이야기하는 광고 노래가 매우 효과적인 광고 수단 중의 하나라고 생각하고 있다.

광고 노래의 고전이라고 할 수 있는 "열두 시에 만나요, 부라보 콘"이라든가 "하늘에서 달을 따다 하늘에서 별을 따다 두 손에 담아 드려요" 하는 오란 씨 광고 노래 같은 것은 만들어진 지가 거의 30년 가까이 된 것들이다. 그럼에도 불구하고 많은 사람들이 멜로디는 물론이거니와 가사 한줄 한줄을 선명하게 기억을 하고 있다. 물론 그 노래들은 최근까지 간간이 방송이 되었기 때문에 그럴 수도 있겠다 싶지만 오리온제과의 "줄줄이 사탕" 같은 광고 노래는 경우가 좀 다르다.

> 아빠 오실 때 줄줄이,
> 엄마 오실 때 줄줄이,
> 우리들은 오리온 줄줄이 사탕

이 짧은 노래는 수십 년간 사용을 하지 않은 노래이다. 제품이 생산되지 않은 지도 오래되었다. 그럼에도 불구하고 40대가 넘은 사람치고 이 노래를 모르는 사람이 거의 없다. 설사 노래는 잊었다 해도 이런 말은 가끔 쓴다.

"아이고, 줄줄이 사탕이 따로 없구먼."

TV 프로그램에 「도전 1000곡」이라는 것이 있다.

무작위로 뽑은 노래를 가사가 틀리지 않게 불러야 합격이 되는 프로이다. 물론 그 프로에 출연하는 사람들은 평소에 노래를 많이 알고 있다고 주변에 소문이 나서 출연을 했겠지만 그들을 보면 정말 깜짝 놀랄 정도로 많은 노래들을 알고 있다. 혹시 미리 알려 주고 하는 것이 아닐까 의심이 들 정도이다.

언젠가 그 프로를 보다가 만약 노래가 아니었다면 과연 저만큼 많은 가사를 외울 수 있을 것인지 생각해 본 일이 있다. 아마 불가능할 것이다.

주변을 보면 제법 문학적 소양을 가지고 있다는 사람들 중에서도 좋아하는 시를 열 편 정도 외우는 사람을 찾기가 쉽지 않다. 한때는 제법 많은 시를 외우던 사람들도 나이가 들면서 하나둘 잊고 만다.

그러나 한번 배운 노래는 거의 평생을 간다. 만약 정지용의 「향수」 같은 시도 노래로 만들어지지 않았다면 알고 있는 사람이 별로 많지 않을 것이다.

6·25 전쟁 때였다. 미처 피난을 가지 못해 인민군이 서울에 진주한 뒤에도 살던 집에 그대로 있었는데 바로 길 건너편에 인민위원회라는 것이 설치되었다.

당시에는 나이가 어려서 그곳이 무엇을 하는 곳인지 몰랐지만 하루 종일 군가 비슷한 노래를 지겹게 틀어 주었다는 기억만은 아직도 생생하다.

서울이 수복될 때까지 석 달 동안, 그들은 아침부터 저녁까지 확성

기로 지겹게 노래를 틀어 대었다. 그때 들었던 노래들이 「적기가」라든가 「김일성 찬가」였다는 것을 알게 된 것은 한참 뒤였다. 누가 가르쳐 주지는 않았지만 그때 들었던 노래들은 불러서도 안 되고 아는 척해도 안 된다고 생각하면서 살아왔다. 그리고 실제로 그 노래들을 내가 알고 있다고 생각한 적도 단 한번도 없었다.

그런데 얼마 전, 우연히 술자리에서 당시의 이야기를 하다가 문득 그때 들었던 노래 몇 곡을 내가 거의 완벽하게 기억을 하고 있다는 사실을 알게 된 적이 있다. 비록 몇 군데의 가사는 가물가물했으나 멜로디만은 처음부터 끝까지 한 소절도 틀리지 않았다.

전혀 내 의지와는 관계가 없는 일이었다. 철없던 어린 시절에 딱 석 달 동안, 그것도 듣기만 했을 뿐 배운 적도 없고 따라 불러 본 일도 없는 노래였다. 그런데 반세기가 넘은 지금까지 그때의 노래들이 내 머릿속에 생생이 살아 있었던 것이다.

그것을 깨닫는 순간, 나는 노래가 가지고 있는 집요한 생명력에 대해서 소름이 끼칠 정도의 전율을 느꼈다.

나는 노래의 끈질긴 생명력은 박자가 있기 때문이라고 생각하고 있다.

사람은 본능적으로 박자에 반응하게 되어 있다. 여러 사람이 제멋대로 달리다가도 어느 정도 시간이 지나면 자연스럽게 발을 맞추게 되고 각자 무질서하게 치던 박수도 조금만 계속되면 어느 사이엔가 리듬이 생겨난다. 박자가 만들어지는 것이다. 아마도 그런 현상이 생기는 것은 인간이 박자와 함께 태어나 박자와 함께 살기 때문이 아닌가 싶다.

사람은 심장의 박동과 함께 생명이 시작된다. 그리고 태내에 있는 동안에는 엄마의 심장 소리를 들으면서 자란다. 세상에 태어나서도 어느 한순간 맥박이 멈추지 않는다. 박자와 함께 태어나 박자로 살다가 박자가 끝나는 날 우리의 생명도 끝이 나는 것이다.

일반적으로 우리가 부르는 노래는 박자와 멜로디, 그리고 가사로 구성이 되어 있다. 박자는 노래의 템포를 유지해 주는 기본적인 질서이다. 멜로디는 허파에서 내뿜는 숨결에 따라 성대로 만들어진다. 그리고 두뇌는 가사를 기억한다. 그 모든 것이 결합되어 노래가 된다.

TV 광고가 인쇄 광고나 라디오 광고보다 더 강력한 광고효과를 내는 것은 시각과 청각, 그리고 두뇌를 동시에 자극하기 때문이다. 영어 단어 하나를 외우더라도 무작정 눈을 감고 암기를 하는 것보다는 손으로 쓰고 눈으로 보며 입으로 소리를 내며 외우는 것이 효과적이다. 신체의 많은 기능이 동원되고 그 기능들이 하나의 기억을 위해 유기적으로 연결되기 때문이다.

이따금 가사가 가물가물하던 노래도 일단 멜로디를 흥얼거리면 신기하게도 생각이 나는 경우가 있다. 아마도 그런 현상은 노래라는 것이 단순히 두뇌에만 입력이 되는 것이 아니라 우리들의 본능과 감각 속에 동시에 작용하기 때문에 그럴 것이다. 어린아이들에게 영어의 알파벳을 가르칠 때도 'ABC송'으로 가르치면 훨씬 더 빠르게 습득을 하는 것도 그런 이유 때문일 것이다.

그것이 노래의 힘이다.

그런데 노래가 가지고 있는 이 엄청난 힘을 한국의 광고에서는 여러 해 동안 활용을 하지 않고 있다.

몇 년 전 어느 크리에이티브 디렉터에게 물어본 일이 있다.

"왜, 요즘에는 TV 광고에 CM송이 없지?"

그랬더니 그 대답이 단호했다.

"요새 광고에 누가 촌스럽게 CM송을 씁니까? 영상 이미지를 살리려면 외국 노래 골라 쓰는 게 더 좋아요."

말하는 태도가 하도 확신에 차 있어서 더 이상 이야기를 꺼내지 못했다.

물론 영상광고에 있어서 배경으로 쓰는 음악은 광고 전체의 이미지를 형성하는 데 상당히 중요한 역할을 한다. 광고의 색깔을 결정해 줄 뿐 아니라 전체의 분위기를 잡아 주기 때문이다. 그러나 그런 경우의 음악이란 어디까지나 영상을 돋보이게 하는 배경의 역할에서 크게 벗어나지 못한다. 광고적 기능을 가지고 있다기보다는 영상을 위한 일종의 장식품과 같은 것이다.

그럼에도 불구하고 알려진 외국 음악을 한번 쓰려고 하면 그 사용료가 만만치가 않다. 심한 경우는 광고 노래를 새로 만드는 것보다 몇 배나 비싼 저작료를 지불한다고 한다. 그것도 여러 해 사용하는 것도 아니고 불과 석 달, 길어야 여섯 달 정도라고 하니 내 상식으로는 도저히 납득이 가지 않는 일이다.

나는 한국의 영상광고에서 CM송이 사라진 것은 15초라는 짧은 광고 시간과 획기적으로 발전한 영상제작 기술 때문이라고 생각하고 있다. 15초란 긴 하품을 한번 하는 정도에 불과한 짧은 시간이다. 그러니 특별한 이야기를 구성하거나 정리된 정보를 전달하기가 거의 불가능하다.

따라서 차별적인 광고를 만들기 위해서는 광고의 내용보다는 시각적으로 한눈에 차이가 나는 특별한 영상을 만드는 것이 오히려 효과적이라는 생각을 할 수 있다. 그리고 그런 생각을 구체화할 수 있을 만큼 영상 기술이 획기적으로 발전하였다.

과거에는 영상을 제작한다는 것은 이 세상에 존재하는 사물이나 현상을 복사하는 행위였다. 그리고 그 복사의 과정과 결과를 통하여 영상을 제작하는 사람들의 의도나 생각을 간접적으로 표현해 왔다.

그러나 영상 분야에 컴퓨터가 도입되면서 눈부시게 발전한 영상 기술은 영상의 역할과 개념에 혁명적인 변화를 가져오게 되었다. 이제 영상의 역할은 사물과 현상의 단순한 복사가 아니라 현실적으로는 이 세상에 존재하지 않는 개인적인 이미지나 느낌, 또는 추상적인 생각까지도 표현할 수 있을 정도로 그 기능이 확대되었다. 영상이 글이나 말로서는 표현하기 어려운 특별한 커뮤니케이션을 가능하게 하는 언어적 기능을 갖게 된 것이다. 그리고 그런 기능은 차별적인 광고를 만들고자 하는 크리에이터들에게 매우 큰 영향을 주었다.

이집트 하첩슈트의 장례전 부속 건물.
그들은 정말 다시 살아난다고 생각했을까?

그런 점에서 지난 5, 6년 동안 한국의 영상광고는 오로지 새로운 영상, 기발한 영상, 신기한 영상 만들기에 몰두한 시기였다고 할 수 있다. 광고의 메시지나 소비자 설득, 심지어는 브랜드 네임보다도 영상적 실험과 이미지가 우선적으로 강조되었고 그것이 곧바로 광고적 차별성으로 인식되었다.

좀 부끄러운 고백이지만 명색이 광고로 밥을 먹고살았다는 사람이 아무리 보아도 이해할 수가 없는 광고들이 최근 몇 년 동안 너무 많았다.

언젠가 잘 아는 광고영화 감독과 저녁을 먹는 자리에서 마침 그런 광고가 TV에서 나오길래 넌지시 물어보았다.

"저 광고, 도대체 무슨 뜻이야?"

그랬더니 돌아오는 대답이 엉뚱했다.

"요새 누가 뜻을 생각하고 광고를 보나요, 따지지 말고 그냥 보세요."

아주 오래 전에 한국에서 열렸던 피카소의 작품전시회에 가 본 적이 있다. 그림을 비롯해서 도자기와 조각, 섬유에 이르기까지 다양한 분야의 작품들이 꽤 큰 규모로 전시되어 있었다. 그런데 도자기라든가 조각 같은 것은 비교적 편안한 마음으로 볼 수가 있었는데 막상 그림들은 아무리 뜯어보아도 잘 이해가 되지 않았다. 마침 일행 중에 그림을 전공한 분이 있어서 조심스럽게 물어보았다.

"도대체 피카소 그림이 왜 좋은 겁니까?"

물어보면서도 조금은 바보 같은 질문이라고 생각했는데 그는 의외로 진지한 표정으로 대답해 주었다.

"이유 생각하지 말고 자유롭게 보세요, 보아서 느껴지는 것이 있으면 좋고, 없으면 없는 대로 그런 거지요."

그 말을 듣는 순간 참으로 핵심을 찌르는 명답이라고 생각을 했다.

그러나 광고를 이해하기 어려운 피카소의 그림처럼 보라는 데는 아무래도 공감이 가지 않았다.

"그래도 광고인데, 무슨 내용인지는 알고 봐야 하지 않을까?"

다시 한번 내가 묻자 그는 한마디로 말을 잘랐다.

"그래도 요즘 젊은 사람들은 다 알아들어요."

나는 더 이상 묻지 않았다. 그것은 그의 말을 납득해서가 아니라 요즘 젊은 사람들이라는 그의 마지막 말 때문이었다. 그의 말 속에는 은연중에 내가 시대에 뒤떨어져 있는 사람이라는 뜻이 담겨 있었기 때문이었다.

그 순간 나는 왜 많은 광고주가 TV 광고의 효과에 관해서 의문을 갖는지 이유를 알 만했다. 실제로 많은 광고주들이 4, 5년 전에 비하여 TV 광고비는 더 많이 쓰고 있는데 효과가 전만 못하다고 이야기하고 있다.

물론 가장 큰 이유는 인터넷이나 케이블 방송, 위성방송 등 다양한 미디어로 TV 시청자가 분산되었기 때문이다. 그러나 또 하나 중요한 이유는 TV 광고의 크리에이티브가 젊은 시청자만을 위한 감각주의에 지나치게 경사되었다는 점이다.

며칠 전에 강의를 하다가 학생들에게 물어본 일이 있다.

"오늘 아침, 신문 읽고 나온 사람?"

60명 학생 중에 단 한 명도 없었다.

"어제 TV를 본 사람?"

60명 학생 중에 딱 세 사람이 손을 들었다.

광고는 젊은이들을 중심으로 만드는데 정작 그들이 TV 광고를 보아 주지 않는 것이다. 나이 든 사람들은 이해할 수가 없고 젊은이들은 TV 앞을 떠난 지가 오래되었다. 게다가 평준화된 영상 표현은 더 이상 차별적인 요소로 눈에 뜨이지 않는 세상이 되었다. 그러니 광고 효과가 떨어지는 것은 당연한 일이다.

그래서 그런지 최근 들어 광고의 스타일이 조금씩 바뀌어 가고 있는 것 같다. 영상 중심의 광고가 눈에 띄게 줄어드는 대신에 소비자의 생활과 마음을 표현하는 광고가 늘어나고 있다. 물론 이러한 현상이 새로운 일은 아니다. 과거에도 수없이 반복되었다. 폭풍처럼 요란하게 감각적인 유행이 지나가면 그 반작용으로 광고는 다시 사람들의 마음으로 되돌아오곤 했다.

사람의 마음이 광고의 기본이기 때문이다.

그런 변화의 과정인지는 몰라도 요즘 들어 제법 광고 노래들이 많이 들린다.

"아버지는 말하셨지, 인생을 즐겨라" 이후에 "미녀는 석류를 좋아해" 광고 노래가 한참 들리더니 곧바로 S오일 광고 노래가 자주 들린다.

모두 광고적으로도 성공을 했다고 한다.

요즘 누가 광고 이야기만 하면 나는 입이 마르도록 광고 노래를 만들라고 권한다. 광고 노래는 그것 자체만으로도 효과가 크지만 특히 남들이 많이 하지 않을 때 해야 효과가 더욱 크기 때문이다. 혹시 무슨 소리인가 싶어 애매한 표정이라도 지으면 이런 말로 마지막 한방을 날린다.

"당신, 평소에 외우고 있는 시가 몇 편이나 돼?"

한두 편이라도 자신있게 외우는 사람을 보지 못했다.

"그럼, 알고 있는 유행가는 몇 곡이나 되는데?"

그것이 노래의 힘이다.

대한민국에는 광고시장이 없다

아침에 신문을 보다가 눈에 띄는 기사가 있어서 자세히 읽어 보았다.

한국의 광고산업이 지난 30년 동안 엄청난 규모로 성장했다는 기사였다.

1974년도에 430억 원에 불과했던 것이 2004년에 6조 6,647억 원 정도의 규모가 되었다고 하니 무려 155배나 증가한 것이다.

규모로 치면 세계적으로 약 9위에 해당한다고 한다.

같은 기간 국내 총생산이 7조 777억 원에서 778조 4,446억 원으로 약 100배 정도 늘어난 것에 비하면 상대적으로 훨씬 높은 증가율이다.

통계로만 보아도 한국의 광고산업이 비약적인 발전을 한 것만은 틀림이 없다. 그럼에도 불구하고 어쩐지 그 기사를 읽은 뒷맛이 씁쓸

하기만 했다. 엄청난 규모에 비해서 과연 우리의 광고산업이 내용적으로도 그만한 실력을 가지고 있는지 의심이 들었기 때문이다.

광고인들 사이에 자조적으로 하는 이야기가 있다.

"나이 들어서 뭐할 건데?"

이 말은 일반적인 노후 대책을 의미하는 것이 아니다.

한참 팔팔하게 일을 해야 하는 40대 이후를 걱정하는 말이다.

다른 직업의 경우 본인의 큰 잘못이 없다면 그럭저럭 55세까지는 직장생활을 할 수 있다. 정년이 가장 길다고 하는 대학교수의 경우는 65세까지도 강의를 한다.

그럼에도 불구하고 정년의 시기를 늘려야 한다는 이야기가 많다. 좋아진 건강과 늘어난 평균 수명을 감안하면 일리가 있는 주장이다.

그런데 한국의 광고회사에서 일을 하는 사람들은 45세 정도를 정년으로 친다.

물론 명문화된 규정이 있는 것은 아니다. 그러나 일종의 관습법처럼 광고회사에서 일하는 사람들은 나이가 40이 넘으면 슬슬 눈치가 보이고 앉은 자리가 불안해진다. 과연 이 회사가 나를 정말로 필요로 하는지 의심이 들기 때문이다.

공자는 나이가 40이 되면 '불혹(不惑)'이라고 했다.

그 나이가 되어야만 비로소 자신의 생각이 뚜렷해져서 세상일을 하는 데 갈팡질팡하는 일이 없다는 뜻으로 쓴 말이다. 한마디로 세상 문리(文理)를 깨달아 사리 분별이 되는 나이인 것이다.

그런데 유독 한국의 광고회사에서는 불혹의 나이가 되면 세상 문리를 깨닫는 것이 아니라 당장 제 코앞의 미래를 걱정해야 한다.

흔히 광고는 감각이 크게 작용하는 직업이라고 한다. 맞는 말이다.

광고는 시대를 보는 눈이나 표현하는 방법이 그 시대의 감각에 맞아야 한다.

그런데 나이가 40이 넘으면 아무래도 감각에 문제가 있다고 생각한다. 따라서 일에 대한 기여도가 떨어진다고 여기는 것이다.

그러나 그런 생각이야말로 하나만 알고 둘은 모르는 것이다.

아무리 중요하다고는 해도 광고는 감각만으로 만들어지는 것은 아니다. 좋은 광고를 만들기 위해서는 감각뿐 아니라 사물을 긴 눈으로 보고 전체의 방향을 잡아 가는 안목이 있어야 한다. 그리고 그런 안목은 오래된 경험과 실패의 교훈으로부터 얻어진다. 어느 정도 나이가 들어야 갖게 되는 능력인 것이다.

실제로 외국의 유명한 광고회사들을 보면 광고를 하는 데 나이가 문제되는 경우가 별로 없다. 개인의 능력이 문제이지 나이가 문제가 아닌 것이다. 그런데 한국의 광고회사에서만 유난히 나이가 문제가 된다. 나는 그 이유가 한국에서 본격적인 광고회사가 생겨나게 된 배경과 깊은 관계가 있다고 생각한다.

외국의 경우는 광고를 잘 아는 광고인들에 의하여 자연 발생적으로 광고회사가 설립되었다. 오길비가 그랬고 빌 번벅이 그랬으며 레오 버넷과 제이 월터 톰슨이 그랬다. 그리고 그들이 만든 광고회사는 수십 년이 지난 지금, 전 세계의 광고시장을 지배하는 엄청난 규모로 성장했다.

그러나 한국에서는 아무리 능력이 있는 광고인이라 해도 제대로 된 광고회사를 만들기가 애초부터 어렵게 되어 있다. 어음이라는 특별한 거래 관행이 있기 때문이다. 누군가가 광고회사를 만들려면 신문이나 방송 같은 매체회사에 광고주를 대신해서 엄청난 광고비의 지불을 담보해야만 한다. 그러나 그런 엄청난 비용을 담보할 만한 능력을 가지기가 쉽지 않다.

따라서 한국의 광고회사는 광고비의 담보 능력을 가진 재벌 기업들의 자회사로서 출발되었다. 흔히 이야기하는 하우스 에이전시인 것이다. 그리고 모기업들이 안정적으로 공급하는 광고 물량을 토대로 해서 순조롭게 성장할 수 있었다. 따라서 처음부터 치열한 경쟁 같은 것은 없었다.

그러나 사실은 광고란 경쟁을 전제로 하는 직업이다. 그리고 광고회사 역시 경쟁을 통해서 성장하는 것이 원칙이다. 경쟁을 해야 광고의 질적 향상과 효율성을 기대할 수 있다. 경쟁을 해야 유능하고 경험이 많은 인재가 양성이 된다.

그러나 유감스럽게도 한국의 광고시장에서 경쟁은 별로 중요한 것이 아니었다.

경쟁보다는 어떻게 하면 비용을 줄이고 관리를 잘해서 이익을 극대화할 것인가가 가장 중요한 경영의 목표가 되어 왔다. 그러다 보니 광고회사의 지출에서 가장 큰 부분을 차지하고 있는 인건비 부분에 관심이 집중되는 것은 당연한 일이다.

따라서 어느 정도 경력이 쌓이고 연봉이 높아지면 슬슬 경영자의 눈을 찌르는 가시가 된다. 그러다 보니 나이가 40이 넘으면 어쩔 수 없이 회사의 눈치를 살피게 된다. 다행히 중역으로 발탁이 되어 관리직으로 자리를 옮기면 그나마 몇 년 더 버틸 수 있지만 모든 사람이 그렇게 되는 것은 아니다. 결국은 회사에 사표를 쓰고 작은 규모의 광고회사라도 차려 보려고 한다. 그러나 그것이야말로 형극의 길이다.

최근에는 광고비의 담보는 별로 큰 문제가 아니다. 매체 집행을 맡아서 해 주는 회사가 있어서 얼마간의 수수료만 떼어 주면 그들과 일을 할 수 있기 때문이다.

그러나 광고회사를 만들기가 쉬워졌다고 해서 광고 환경이 좋아졌다고 할 수는 없다. 정말로 심각한 문제는 아무리 눈을 씻고 찾아봐야 일을 할 수 있는 광고주가 없다는 사실이다. 하늘을 봐야 별을 따고 서방님을 품어야 대를 잇는다는데 아무리 눈을 씻고 보아야 쳐다볼 하늘이 없고 품어 볼 서방님이 없다.

대부분의 광고가 재벌회사의 것이고, 또 그 재벌회사들이 광고회사를 가지고 있기 때문에 경쟁을 하거나 욕심을 낼 만한 일이 없는 것이다. 아예 광고시장 자체가 없다고 해도 과언이 아니다.

상식적으로 보면 광고산업의 규모가 6조 원이 넘으면 광고시장의 크기도 6조 원이 되어야 한다. 그러나 유감스럽게도 한국의 광고시장은 아무리 넉넉히 잡아도 1조 원 정도를 넘지 못하는 것 같다. 전체 규모의 6분의 1도 되지 않는 것이다.

한마디로 한국은 엄청난 규모의 광고산업은 있으나 광고시장은 없는 나라인 것이다.

미국의 광고대행사협회인 4A(American Association of Advertising Agencies)에서는 광고회사의 기본적인 자격을 매체로부터의 독립, 광고주로부터의 독립으로 아예 못 박아 놓고 있다. 올바른 광고를 하기 위해서는 무엇보다도 불편부당한 객관적 입장과 태도가 필요하다고 생각하기 때문이다.

물론 외국의 모든 광고회사가 그런 자격 조건을 충족시키고 있는 것은 아니다. 광고 대국이라고 할 수 있는 일본 같은 나라도 대기업이나 매체사를 배경으로 하는 광고회사가 없는 것은 아니다. 그러나 그 영향력이라는 것이 한국과는 근본적으로 다르다. 규모뿐만 아니라 활동의 영역 또한 극히 제한적이다.

IMF 시절이었다.

한국 경제가 어렵고 재벌 기업들이 현금의 유동성에 문제가 생겼을 때, 한동안 재벌 그룹 계열의 광고회사를 외국계 광고회사에 매각하는 것이 유행이었다. 몇 년간 독점적으로 광고를 공급하는 조건으로 수많은 광고회사들이 매각되었다. 그 결과 1, 2년 사이에 두어 곳의 광고회사를 제외하고는 한국의 광고회사는 거의 외국계로 바뀌었다.

그 무렵 많은 사람들이 이러다가 한국의 광고시장이 외국계 광고

캄보디아 톤레삽 호수의 소년.
아직 어린 어깨에 삶의 무게가 얹혀 있었다.

회사에게 점령당하는 것이 아닌가 하는 우려를 했으나 그나마 한 가지 위안은 있었다. 회사 매각 당시에 체결했던 거래조건이 해소되는 4, 5년 뒤면 한국의 광고시장도 재벌의 영향권에서 벗어나 공정한 경쟁을 통하여 일을 할 수 있는 풍토가 되리라는 기대가 있었기 때문이다. 그야말로 학수고대, 목을 빼고 그때가 되기만을 기다렸다.

그런데 그런 기대 자체가 너무도 순진한 발상이었다. 외국계 광고회사와 계약기간이 끝나자마자 재벌 그룹들이 또 다른 광고회사를 새로 만들기 시작했기 때문이다. 굴지의 자동차회사가 자기 계열의 광고회사를 만들더니 잘 알려진 식품회사가 그 뒤를 이었다. 그리고 대형 통신회사 그룹과 또 다른 재벌회사 그룹이 광고회사를 만든다는 풍문이 심심치 않게 떠돌고 있다.

최근 급격히 사세가 커진 주류회사 그룹도 광고회사를 만든다는 소문이 있다. 그렇게 되면 주먹만한 한국의 광고시장이 더욱 축소되어 결국은 시장 자체가 없어지는 것이 아닌가 걱정이 된다.

이런 상태로 간다면 아마도 한국에 진출해 있는 외국계 광고회사들은 몇 년 안에 거의 철수를 하게 될 것이다. 시장이 없는 나라에 굳이 있어야 할 이유가 없기 때문이다. 만약 남아 있게 된다면 또 IMF 시절처럼 정략적인 M&A를 통한 변칙적인 독점 거래 과정을 반복할지도 모른다.

물론 광고회사란 꼭 광고인이 만들어야 한다는 법은 없다. 생각하기에 따라서는 재벌들이 만든 광고회사처럼 튼튼한 재정적 뒷받침과

안정적인 경영이 오히려 한국 광고의 발전에 기여한다는 견해도 있을 수 있다. 광고인의 입장에서도 누가 회사를 만들든 간에 안정된 직장에서 일만 잘하게 되면 그만 아니냐고 할지 모르겠다.

그러나 그게 그렇지가 않다.

경쟁이 없는 상태에서는 당연히 개인적인 능력이 심각하게 평가되지 않을 뿐만 아니라 결과적으로 사람을 중요하게 생각하지 않을 수 있다. 젊은 한때 혹사당하다가 조금만 나이가 들면 가차없이 용도폐기를 당할 우려가 있기 때문에 두려운 것이다.

물론 어느 직장이건 개인적인 능력이 떨어지면 물러나야 하는 것은 당연한 일이다. 그러나 능력이 있음에도 불구하고 단지 나이가 들고 연봉이 많아져서 광고회사에서 정리되어야 한다면 개인적인 불행뿐 아니라 사회적으로도 여간 낭비가 아닐 수 없다.

최근 한국의 기업들이 활발하게 세계 시장으로 활동의 영역을 넓혀 나가고 있다. 그리고 매해 해외에서 집행하는 광고도 점점 많아지고 있다. 그런데 그 광고가 모조리 외국회사로 빠져나가고 있다. 국내에 세계 시장을 상대로 치열하게 경쟁을 할 만한 광고회사가 없기 때문이다. 지난 30여 년 동안 사람을 키우지 않은 한국 광고계가 치러야 할 업보이다.

나 같은 사람이야 이제 새삼스럽게 미련을 가질 나이가 아니지만 광고에 미래를 걸고 있는 젊고 똑똑한 사람들을 볼 때마다 가슴 한 구석이 찡하게 저려 온다. 그리고 부끄러워진다. 나를 포함한 광고계

의 선배라는 사람들이 후배들을 위해서 해 준 것이 아무 것도 없다는
죄책감이 들기 때문이다.

며칠 전에 어느 광고회사 사장을 만났더니 이런 푸념을 했다.

"해마다 연말이면 그나마 몇 군데 경쟁 프레젠테이션을 했는데 금
년에는 그마저 없네."

주먹만했던 광고시장이 밤톨만큼 쪼그라들고 있다는 느낌을 지울
수가 없다.

TV 광고가 없어진다

 새 달력을 걸어 놓은 지 얼마 되지 않았다고 생각했는데 어느새 달력을 두 장이나 넘겼다. 나이가 들수록 세월이 화살처럼 빨라진다고 하더니 요즘엔 하루가 다르게 가속도가 붙는 것 같다. 아마도 남아 있는 세월이 살아온 나이보다 턱없이 짧다는 초조함이 있기 때문일 것이다.

요 며칠 기승을 부리던 늦추위도 이제 기가 한풀 꺾이어서 낮이면 겨울옷이 제법 무겁게 느껴지는 것을 보니 봄이 그다지 멀지 않은 것 같다.

이번 방학 중에는 강의 준비를 좀 제대로 해서 산뜻하게 새 학기를 맞겠다고 결심을 했는데 마음만 그랬을 뿐 또 역시 아무 준비도 없이 어영부영 개강을 눈앞에 두었다.

학교에서 내가 강의를 하는 내용은 영상광고에 대한 것이다. 이론보다는 실제로 광고 기획안을 만들고 그것에 따라 구체적인 제작 콘티도 만들면서 서로 토론도 하는 일종의 그룹 스터디 형식으로 진행하는 수업이다. 학생들도 좋아하고 나도 대체로 만족을 하고 있었는데 몇 해 전부터인가 문득 내가 과연 올바른 내용으로 강의를 하고 있는지 의심이 들기 시작했다.

하루가 다르게 달라지는 광고 환경, 특히 미디어의 변화를 보면서 지금 내가 알고 있는 광고적인 지식이 과연 미래에도 그대로 적용될 것인지 자신이 없어졌기 때문이다.

나는 앞으로 5년 안에 광고의 이론뿐만 아니라 광고에 관한 비즈니스 전반에 걸쳐 엄청난 변화가 올 것이라고 생각하고 있다. 특히 영상광고의 분야는 마치 공상과학 영화에서나 보았던 일들이 우리 눈앞에 현실로 나타날 것이라고 믿고 있다.

며칠 전 어느 신문에 "광고가 없는 TV"라는 기사가 난 적이 있다.

제1면, 그것도 중앙 상단에 특별히 잘 보이라고 박스까지 둘러친 기사였다. 전통적으로 신문의 1면 톱이란 큼직한 정치적 뉴스나 사회적으로 큰 사건 아니면 감히 넘볼 수 없는 대단한 자리였다. 서슬이 퍼랬던 군사정권 때는 대통령의 지정석이기도 했다. 그런 자리에 광고와 관련된 기사가 자리를 잡았으니 옛날 같으면 상상도 할 수 없는 일이었다. 그 기사를 보면서 새삼스럽게 세상이 참 많이 달라졌다는 느낌이 들었다.

그러나 기사 내용은 특별히 새로운 것이 아니었다.

몇 년 후에 TV가 디지털 시스템으로 완전히 바뀌게 되면 TV로부터 광고가 없어질지도 모른다는 기사였다. 모든 TV에 PVR(personal video recorder)이 장착이 되면 퀵 스킵 버튼 하나로 프로그램 전후에 붙어 있는 광고를 건너뛰고 시청할 수도 있게 될 것이니까 자연히 광고 효과가 없어질 것이고 결과적으로 광고 매체로서의 기능을 하지 못할 것이라는 내용이었다.

평소에 TV 광고에 대해서 피해의식이 있는 신문의 입장에서는 상상만 해도 통쾌한 일일 것이다. 그러나 그런 정도야 알 만한 사람들은 모두 알고 있는 사실이다. 광고 일을 하는 사람치고 미래의 TV에서 지금과 같은 형태의 광고가 그대로 유지될 것이라고 생각하는 사람은 거의 없다. 대부분 광고의 내용과 형태에서 우리의 상상을 뛰어넘는 엄청난 변화가 올 것이라고 생각하고 있다.

그러나 TV에서 광고가 사라진다고 해서 신문에 광고가 늘어날 것이라고 기대를 한다면 그것이야말로 너무나 단순한 생각이다. TV에서 광고가 사라진다는 것과 신문에서 광고가 늘어난다는 것은 별개의 문제이다. 신문 역시 획기적으로 달라지지 않는 한 오히려 TV보다도 훨씬 더 먼저 광고 매체로서의 기능을 상실할 가능성이 높다고 할 수 있다. 그런 점에서 TV나 신문이 미래에 살아남기 위해서는 변하는 시대에 따라 우선 미디어 자신이 변하고 동시에 광고 매체로서의 새로운 방법과 기능을 모색하지 않으면 안 될 것이다.

TV가 디지털로 바뀐다는 것은 단순히 화질이 좋아지고 음질이 개선된다는 의미만은 아니다. 이제까지 우리가 알아왔던 TV와는 전혀 다른 미디어의 탄생이라고 보아야 한다. 앞으로의 TV는 시청자들에게 일방적이고 수직적인 형태의 정보를 제공하는 권위적인 미디어가 아니다. 시청자와 수평적인 관계에서 정보를 상호 교환하는 쌍방향적인 미디어로 바뀔 것이다.

평소에 자주 만나는 침대회사의 사장이 있다. 한동안 TV 광고를 꾸준히 하더니 최근 들어 아예 광고를 하지 않고 있기에 물어보았다.

"이제 광고 좀 해야 하지 않겠어?"

"글쎄, 하긴 해야겠는데 요즘엔 TV 광고가 별로 효과가 없는 것 같더라고. 5년 전에 비하면 광고비가 두 배 이상 들어가니까 엄두가 나야지 원."

그는 단정적으로 TV 광고의 효율성이 현저히 떨어진다고 생각하고 있었다. 하긴 그만이 아니라 최근 들어 많은 광고주들이 TV 광고가 전만 못하다는 이야기를 이구동성으로 하고 있다.

연초에 어느 통계를 보니 작년의 인터넷 광고가 전체 광고비의 약 10%인 6천억 원 규모로 성장을 했다고 한다. 그것도 최근 1, 2년 동안 급격히 성장을 했다고 하니 앞으로 탄력이 붙어서 얼마나 빠르게 성장할 것인지 쉽게 예측을 할 수 없을 정도이다. 광고비 전체가 크게 늘어나지 않은 것을 감안하면 인터넷 광고가 늘어난 만큼 TV 광고가 줄어들었다고 할 수 있다.

체코, 체스키크룸노브.
마치 영화속 배경 같았다.

그뿐만이 아니다. 초기에 광고주로부터 외면을 당하던 케이블 TV의 광고도 최근 들어 급격히 늘어나고 있다. 특히 케이블 TV가 매력적인 것은 케이블의 특성에 따라 해당되는 소비자들을 비교적 정확히 찾아갈 수 있기 때문에 비용에 비하여 효율성이 높다고 평가되기 때문이다. 게다가 특정한 지역의 소비자들에게 맞춤형 광고도 가능하니까 여러모로 발전 가능성이 높은 광고 매체라고 할 수 있다. 케이블 TV 역시 지상파 TV로부터 광고를 빼앗아 가고 있다.

그 밖에 새로 개발되는 뉴 미디어들도 TV가 독점적으로 누려 왔던 광고시장을 본격적으로 공략을 하게 될 것이다. DMB도 그렇고 핸드폰 역시 TV의 광고시장을 잠식할 잠재적 경쟁자이다.

이런 환경에서 지금이야말로 TV가 어떻게 해야 광고 매체로서 살아남을 것인지 심각하게 고민을 해야 할 때가 아닌가 싶다.

얼마 전에 가까운 후배인 광고영화 감독과 저녁을 먹다가 이런 이야기를 한 적이 있다.

"앞으로 셋톱박스가 장착이 되면 시청자들이 광고를 건너뛰고 TV를 보지 않을까요?"

"당연히 그렇게 되겠지?"

하도 진지하게 묻길래 다소 장난기를 섞어서 대답을 했더니 그는 어깨를 축 늘어뜨리며 한숨을 쉬었다.

"그렇게 되면 TV에서 광고가 없어지는 거 아닙니까."

"그럴 수도 있지."

대답은 그렇게 했지만 나는 TV에서 광고가 없어질 것이라고는 생각하지 않는다. 오히려 광고가 지금보다도 더 폭발적으로 늘어날 가능성이 있다고 보는 편이다. 밥맛이 떨어졌는지 젓가락으로 음식 접시만 뒤적이고 있는 그에게 나는 이렇게 말해 주었다.

"걱정 마, 내 생각에는 당신 같은 사람들 떼돈을 버는 날이 올 거야."

단순한 농담이 아니었다. 나는 시대가 어떻게 변하든 우리 생활 속에서 광고가 없어질 것이라고는 생각하지 않는다. 다만 그 형태와 내용이 지금과는 크게 달라질 것이라는 점은 분명하다.

나는 디지털 시대의 TV 광고는 시청자들이 능동적으로 찾아서 보려는 것이 되어야만 살아남을 수 있다고 생각한다. 그러자면 광고가 꼭 보아야만 할 분명한 이유가 있거나 가치가 있어야 한다. 광고 자체가 시청자들에게 필수적으로 필요한 정보이거나 아니면 특별한 즐거움, 또는 놓치고 싶지 않은 서비스 같은 것이 되어야 하는 것이다.

구체적으로 예를 들자면 여러 가지 정보가 세밀하게 세트화된 정보 강화형 광고(Enhanced commercial) 같은 것이 등장하지 않을까 상상하고 있다.

어느 날 TV를 보니 관심이 있는 광고가 눈에 띈다.

리모컨으로 광고 화면을 정지시키고 자세히 살펴본다. 그런 다음 마치 인터넷처럼 클릭을 해서 다음 화면으로 넘어간다. 디자인도 보고 가격 조건도 살펴보고 기능도 요모조모 체크해 보고 궁금한 모든 정보를 추적해서 본다. 그러다가 마침내는 인터넷 쇼핑처럼 TV를 보다가 구매까지 해 버린다.

TV 광고와 매장이 통합되는 단계까지 가는 것이다.

또 어느 날 보니 알아두면 좋을 만한 음식점이라든가 여행사 광고 같은 것이 나온다. 광고 내용을 보관해 두면 나중에 요긴하게 쓸 수 있을 것 같아 TV 안에 그 광고를 저장해 두고 필요할 때마다 찾아본다.

아니면 별도의 광고 채널에 정보형 광고만을 모아 두었다가 필요한 사람이 찾아가서 보는 소위 저장용 광고도 등장할 수 있다.

이 모든 것이 TV가 쌍방향이기 때문에 가능해진다.

만약 정보 강화형 광고 같은 것이 가능해진다면 지금처럼 광고 한 편 달랑 만들어서 광고를 할 수가 없다. 광고를 기획할 때부터 표지 광고 한 편에 필요한 정보를 담은 새끼 광고 여러 편을 묶어서 만들어야 한다. 광고영화 한 편을 만드는 것이 아니라 광고영화 한 세트를 만드는 것이다. 저장형 광고도 매체비의 부담이 없기 때문에 참여하는 광고주가 엄청나게 많을 것이니 영상광고를 제작하는 사람의 입장에서는 그야말로 노다지를 캐는 것과 같다고 할 수 있다.

"어때, 그런 세상이 오면 당신 같은 사람, 떼돈을 벌지 않겠어?"

"어이구, 그렇게만 되면 오죽 좋겠어요."

우리들의 이야기는 그런 정도로 가볍게 끝났지만 나는 5년, 길게 보아야 10년 안에 그런 날이 올 것이라고 확신을 하고 있다.

하긴 그렇게 멀리 볼 필요도 없다. 요즘도 관심을 가지고 TV를 자세히 들여다보면 새로운 광고 방법에 관한 실험들이 끊임없이 이루어지고 있다.

대표적인 것이 PPL(Product Placement) 형식의 광고이다.

PPL이란 프로그램 속에 은근슬쩍 삽입되는 상품이나 브랜드를 말한다. 때로는 그 상품을 배우들이 직접 사용을 하면서 노골적으로 광고를 하기도 한다. PPL식의 간접광고는 현재는 법으로 금지되어 있다. 그럼에도 불구하고 언제부터인가 특정한 상품이나 기업이 프로그램 속에 슬금슬금 얼굴을 내미는가 싶더니 요즘에는 아예 드러내놓고 등장을 시키고 있다.

몇 년 전에 제법 성공했던 「천국의 계단」이란 드라마가 있었다.

그 드라마는 누가 보아도 알 만한 놀이공원을 배경으로 하고 있다. 출연자들도 그 회사의 직원으로 설정이 되어 있고 촬영도 아예 현장에서 했기 때문에 광고로 보여 주는 단편적 정보보다 훨씬 더 구체적이고 실감이 나게 놀이 시설의 구석구석을 보여 주었다. 광고라는 부담을 주지 않으면서도 일반 광고와는 비교가 되지 않을 정도로 그 효과가 위력적이었다.

엄청나게 시청률이 높았던 「파리의 연인」이란 드라마도 같은 경우라고 할 수 있다. 유명한 자동차회사가 그 드라마의 배경이었다. 물론 등장한 자동차들은 모두 그 회사의 제품 일색이었고 가끔씩 전시장도 소개되어서 여러 종류의 차들이 선을 보였다.

물론 이 드라마들이 만들다 보니 그렇게 되었던 것은 아니다.

드라마를 기획하는 초기 단계부터 미리 특정한 기업과 충분히 협의를 거쳐서 계획된 것이었다. 물론 그 대가로 해당기업이 엄청난 액수의 광고비용을 지불했을 것이라는 것은 쉽게 짐작할 수 있다.

그 정도는 아니더라도 요즘에 특정회사의 상품들이 드라마 속에서 자주 눈에 뜨인다. 「프라하의 연인」에서는 대통령의 딸과 아들이 BMW만 타고 다니더니 「하늘이시여」란 드라마에선 살짝 눈가림을 한 AUDI가 화면을 종횡무진 누비고 있다. 그뿐만이 아니다. 스토리의 전개와는 관련도 없고 개연성도 없는 로데오 운동기구를 출연 배우들이 노골적으로 광고를 하고 있다.

어찌 보면 그런 식의 광고 방법이 오히려 더 바람직할 수도 있다. 시청자의 입장에서는 짜증스럽게 광고를 보지 않아도 되고 방송사나 광고회사의 입장에서는 잘만 활용하면 또 다른 수익 모델이 되는데다가 광고주 역시 뛰어난 광고 효과를 기대할 수 있으니 그야말로 누이 좋고 매부 좋은 일이라고 할 수 있다. 그래서 그런지 PPL을 양성화시키자는 논의가 요즘 활발하게 이루어지고 있다.

또 하나 PPL과 함께 실용화될 것이라고 생각되는 광고 중에 하나가 가상광고(Virtual Advertising)이다. 실제로 현장에는 존재하지 않지만 화면 속에 광고물을 만들어 넣을 수 있는 또 다른 간접광고이다. 예를 들어 골프 경기를 중계할 때 하늘에다가 특정한 기업의 로고가 들어 있는 비행선을 실물처럼 띄워 놓는다든가 드라마에서도 인물의 배경 어느 한 부분에 자연스럽게 광고를 심어 넣는다든가 하는 일이다. 요즘에는 영상 기술이 하도 뛰어나서 아마 그런 것이 가상의 영상이라는 것을 눈치챌 사람은 별로 없을 것이다.

아직 그런 식의 광고를 원하는 광고주도 없고 또 방송국에서도 프로그램 속에 가상의 광고를 삽입하려는 의지가 없어서 그렇지 일단 하려고만 마음을 먹으면 지금이라도 당장 실행하는 데 문제가 없을 것이다.

얼마 전에 나는 TV의 장래에 대해서 극단적인 상상을 해 본 적이 있다. 지금까지 TV가 광고 매체로서 영향력을 가지고 있었던 것은 TV 자체가 공신력을 가지고 있었기 때문이다. 일단 TV에만 나왔다 하면 그것은 객관적인 진실로 인정이 되었다. 가끔 우리는 이런 말을 할 때가 있다.

"정말이야. 어제 TV에 나왔다니까."

TV에 나오면 진실이라는 인식이 잠재적으로 작용하기 때문에 TV에 광고를 할 정도면 일단은 그 기업, 또는 상품이 믿을 만하다는 생각을 한다.

그러나 몇 년 뒤가 될 것인지는 모르지만 나는 비교적 빠른 시간 안에 방송회사와 통신회사의 구분이 없어질 것이라고 생각하고 있다. 그런 시대가 되면 지금까지 방송회사들이 가지고 있던 사회적인 리더십이 그대로 유지될 것인지 확신을 할 수 없다. 아마도 지금보다 현저히 약화되든지 아니면 아예 없어져서 TV 역시 수많은 영상 미디어 중의 하나로 전락될 가능성이 충분히 있다고 볼 수 있다.

만약 그렇게 되면 여러 개의 영상 미디어로 광고가 분산되고 또 광고 효과도 떨어져서 TV 회사가 광고 수입만으로는 운영을 할 수 없는 지경에 이를지도 모른다. KBS와 같이 국가에서 예산을 받아 운영하는 곳이야 별 문제가 없겠으나 광고에 전적으로 의존하는 상업방송들은 직접적으로 사활이 걸린 문제가 아닐 수 없다. 물론 매우 극단적인 상상이어서 그 가능성은 높지 않지만 만약 그런 일이 실제로 일어난다면 어떻게 될까?

여러 해 전에 「올인」이란 드라마가 크게 히트를 한 적이 있다.

물론 가장 빛을 본 사람들은 그 드라마의 주인공들이었던 이병헌, 송혜교 같은 배우들이었지만 소리 소문 안 나게 크게 재미를 본 것이 또 하나 있었다.

애절한 두 연인들의 사연과 함께 시청자들의 주목을 끌었던 오르골이었다. PPL로서 미리 계산된 것이었는지 또는 우연히 단순한 소품으로 쓴 것인지는 몰라도 드라마가 방영되는 동안 엄청난 양이 팔려 나갔다고 한다.

그런 예는 가끔 찾아볼 수 있다. 한동안 황신혜의 머리띠가 뜨고 김희선의 목걸이가 주인공만큼이나 인기를 끈 적이 있다.

얼마전에 크게 성공했던 「내 이름은 김삼순」이란 드라마에서 『모모』란 책이 소개된 적이 있다. 그 책은 본래가 베스트셀러이긴 했지만 출판된 지가 30년이 넘은 책이다. 그런데 그 드라마에 한두 번 등장하자 엄청나게 책을 찾는 사람이 많아서 출판사가 때 아닌 횡재를 했다고 한다.

일부러 의도한 것이었는지, 또는 우연이었는지 속 내용은 자세히 모르겠으나 그런 현상을 보면서 잘만 활용하면 앞으로 TV가 살아나 갈 또 다른 비즈니스 모델이 되지 않을까 생각을 해 본다. 만약 TV에서 광고가 사라진다면 PPL과 같은 간접광고뿐만 아니라 아예 의도적으로 특별한 의상이나 소품 같은 것을 프로그램 속에 설정하고 그 상품을 독점적으로 판매하지 말란 법도 없을 것이다.

방송회사가 직접 판매하는 것이 낯 뜨거운 일이라면 자회사를 만들어서라도 할 수 있을 것이다. 아마도 그런 세상이 되면 드라마를 쓰는 작가들도 뛰어난 광고적 센스를 가지지 않으면 안 될 것이다. 드라마를 전개해 나가면서 얼마나 자연스럽고 효율적으로 광고적 요소를 삽입시키는가가 작가의 능력으로 평가될지도 모르기 때문이다.

물론 이런 생각들은 극단적인 상상이다. 그러나 할일 없는 사람의 단순한 상상만으로 치부하기에는 요즘 세상 돌아가는 것이 너무 빠르고 절박하다. 세월만이 빠른 것이 아니다. 상상의 속도보다 더 빠르게 세상이 변하고 있고 광고도 변하고 있다.

그런 세상에 몇 년째 똑같은 이야기를 학생들에게 하자니 마음이 천근만근 무겁기만 하다.

부정체성의 신물질 자유인간
우리들의 작은 영웅 이강우

이만재 (카피라이터)

30년도 넘게 가까이 알아온 고향 집 묵은지 같은 사람에 대한 글을 쓴다는 것은 역전식당 겉절이처럼 처음 만난 사람과 3시간 동안 인터뷰를 하고나서 쓰는 일상적 글의 경우에 견주어 엄청난 정신적 중압을 준다는 사실을 이전에는 미처 알지 못했습니다.

이럴 줄 알았으면 광고인 신년 하례식이 있던 운명의 그 날 밤, 그의 대리운전차를 헬렐레 얻어 타고 오면서 취중약속 내지는 취중승낙을 하지 말았어야 했습니다. 게다가 또 원고 일정이 촉박하다고 옆구리까지 슬쩍 찌르니 이건 얼렁뚱땅하는 새에 그물망에 빠져버린 너구리가 술 확 깨어 하는 꼴에 매우 가깝습니다.

허나 이것조차도 돌아볼 때는 자업자득의 운명일지 모르겠습니다.

작고하신 재야 한글학자 고 한창기 선생이 생전에 〈뿌리 깊은 나무〉라는 인문사상지(誌)를 오래 만들었는데 그쪽 인터뷰 기사 필자로 동원 될 때마다 그 양반이 내 글 이름의 뒷머리에 붙여준 타이틀이 '인물평론가'였던 것이고 또 실제로도 그 매체가 빌미가 되어 지난 4반세기 동안 수없이 많은 지면에 수없이 많은 인물들의 글을 마치 내가 무슨 인터뷰 전문가인 양 스스럼없이 써 왔으니 말입니다.

자, 이쯤 해놓으면 이제 어쩔 수 없이 이강우의 본론을 시작해야 하는데 사실은 쓸 말이 쉽지 않기도 하고 별 쓸 말이 없기도 합니다.

쓸 말이 없어하는 첫 번째 이유는 이강우라는 인물을 모르는 사람이 우리 광고계에는 전혀 존재하지 않기 때문에 새삼 누군가가 이강우론을 들먹인다는 행위나 시도 자체가 심히 뜬금없는 짓이 되고 말터라는 캥김 때문이고(적어도 이강우를 모르는 사람은 이 책을 받아보거나 펼쳐보지 않으리라는 확고한 전제), 두 번째 이유는 이강우라는 대상 자체가 워낙 독특하여 몇 마디의 미사여구나 몇 가닥의 고정관념으로 쉽게 포장해버릴 수가 없는 다세포적 SOMETHING ELSE이기 때문입니다.

가령 우리가 어떤 사람을 지칭하거나 묘사할 때 아, 그 사람은 맘씨 좋은 산골 마을 면장님 같은 분이야－라고 말하면 그에 근접한 인물상이 대번에 떠오르기 마련입니다. 또 같은 예로서 아, 그 사람은 군에서 막 전역한 예비역 준장 같은 사람이지－가 있고, 좀 더 계속하자면 아, 그 사람은 누가 봐도 연구실과 도서관 이외의 세상을 아지 못할 것 같은 영락없는 학자풍이라니까－같은 것이 있습니다.

그러면 우리도 같은 방식으로 누군가를 묘사하듯이 이강우에게 여러 가지의 직함을 붙여 각기 다른 옷을 입혀볼 수 있다 - 는 가설의 성립이 일단 가능합니다. 특별히 돈 드는 일도 아니므로 시작해보겠습니다.

이강우 교수! 어울립니까? 실제로 그는 여러 대학 강단에서 강의를 한 경력이 결코 약소하지 않습니다. 그럼에도 어인 일로 그에게서는 교수커녕 조교 냄새도 나질 않고 있는 것입니다. 교수에 대한 이미지의 고정관념으로부터 그 자신이 한참 비켜나 있다는 증좌입니다.

이강우 박사! 어울립니까? 그가 박사학위 소지자가 아니라는 뜻에서가 아니라 애시 당초 그는 박사님 소리 듣기에는 적합한 인물로 보이지 않는다는 상식적인 얘기입니다.

이강우 사장, 또는 회장! 어울립니까? 실제로 만약 그가 사장이나 회장이라 할지라도 그에게서는 사장 냄새나 회장 냄새가 나질 않는다는 게 이 지론의 핵심입니다.

이강우 장군! 군복과 군화와 지휘봉과 경례……어울립니까? 굳이 삼자가 왈가왈부할 것도 없이 아마 그 스스로가 죽으면 죽었지 군인은 못해 - 라며 나자빠질 것입니다.

이강우 고문! 이것은 현재 그가 처해 있는 실제상황의 직함입니다.

제자 겸 후배 겸 자식 내지는 형제와도 같은 젊은 사람이 운영하는 유망 광고회사의 일을 도와주는 실존의 고문입니다. 그럼에도 그에게서는 고문커녕 고문관 냄새도 전혀 나질 않습니다. 뭐 꼭 고문은 어째야 된다는 법이 있는 것은 아니지만 하여튼 이강우는 그냥 이강우라야지 그 이름 뒤에 뭔가가 따라 붙으면 그 순간부터 자신이나 남이나가 꼭 같이 불편해집니다.

그런 사람이 바로 내가 아는 이강우 선배입니다. 그런데 더 재미난 것은 이 선배라는 호칭마저도 그는 농 반 진 반 섞어 무지 거북살스러워하고 있다는 사실입니다. "아, 이봐요, 누가 나를 이선생 선배로 보겠어, 응? 흐히히히히히……"(사실은 키도 내가 조금 더 크고 흰머리나 주름살도 내가 좀 더 많긴 합니다. 다만 출생연도에서 그는 나의 분명한 인생 선배입니다.)

어떤 유연한 형용상식이나 그 어떤 다양화된 고정관념으로도 결코 쉬이 단정지어 묘사하거나 분류할 수가 없는 부정체성의 인물 이강우.

내가 그를 처음 본 것은 70년대 초로 거슬러 올라갑니다. 당시 나는 무명 시나리오 작가와 방송구성작가(남산 KBS시절)를 하다가 뜻한 바 있어 '광고문안가' 공채시험에 합격(당시에는 카피라이터라는 직업용어가 없었음), 제약회사와 화장품회사 광고 제작담당으로 뛰어다닐 때였습니다. 당시에는 광고대행사 체제가 정착되기 전이어서 광고주들이 저마다 자체 광고부서를 두고 모든 광고의 제작과 집행을 스스로 감당해야 했습니다.

물론 한국방송광고공사 같은 매체 대행기관도 없었기 때문에 방송사들은 방송사들대로 자체 광고 영업부를 두고 프로그램 판매활동을 하는 한편, 그 기구 안에서 자체 CM제작부까지를 운용하고 있었습니다.

그 당시 나는 TV광고 녹음은 주로 적선동 현대녹음실을 이용했고, 라디오 광고 제작은 광화문의 골동품 빌딩 5층 구석방 동아방송 CM제작부를 주로 이용했습니다. 당시 MBC CM제작부에는 내 손아래 동서 S군이 있었음에도 동아방송 CM제작부를 애용했던 것은 순전히 그곳의 이강우 PD에 대한 인간적인 이끌림 때문이었다 할 수 있습니다.

대개 키 작은 재사(才士)들은 천재형이어서 오만방자를 그 성격적 은근특성으로 갖고 있는 것이 상례이나 이강우 PD는 판연한 예외였습니다.

사람이 진지하고 진실되었을 뿐만 아니라 몇 번의 시험녹음 끝에 광고주가 OK 사인을 보낸 경우에도 자신의 마음에 흡족하지 않다 싶으면 세 번이고 네 번이고 다시금 반복 작업을 할 만큼 웅숭깊은 완벽주의자였습니다.

아, 몇몇의 관념적 수사 가운데 그래도 비교적 근접한 수식 하나를 이강우에게 붙여 준다면 '완벽주의자'가 그중 괜찮은 한 패찰이 되지 싶습니다.

그렇다고 해서 어느 경우 광고주에게 아첨하는 법도 없었고, 저 혼자 잘난척하는 수준은 훨씬 뛰어 넘어 있는 제 기술영역의 침착한 고

수였는데 들기로 그는 당시 한창 인기 끌던 라디오 드라마 PD를 하다가 우연찮은 일로 물을 먹고 CM제작부로 밀려 온 것이라는 귓전 풍문이 있었고, 그럼에도 불구하고 물 먹은 내색 않고 저토록 CM의 낯선 영역에 성실할 정도라면…… 내가 아닌 누가 본다 해도 예사 청년은 아닌 것으로 달리 쳐주었을 법하긴 합니다. 광고주 입장에서 하나를 주문하면 그는 둘 셋의 아이디어를 내놓았는데 대체로 그 아이디어는 현실성과 실현성 및 구체성이 매우 높은 정확한 것이기 쉬웠습니다.

녹음 스튜디오에 누구보다 일찍 나타나서 누구보다 늦게까지 그곳에서 불을 밝히고 쪼그리고 앉아 녹음테이프와 씨름하고 있는 키 작은 청년의 모습이 지금도 눈에 선한데 특히 지금도 잊혀지지 않는 것은 당시 방송국 전속성우 말고 좀 색다른 음색의 성우 목소리로 색다른 감각의 화장품 CM을 만들어볼 수는 없을까 나름의 궁리 끝에 실제로 전혀 다른 음색을 지닌 신인 둘을 물색해내어 그에게 데려갔던 기억입니다.

전혀 CM 녹음 경험이 없는 이들이었음에도 이강우 PD는 대번에 저들 신인의 잠재특성을 알아채고 저들에 맞는 맞춤형 연출 코드를 구현해내어 광고를 성공시켰던 것인데 그 아마추어 중 한 명이 오늘날 CM성우의 원로가 되어 있는 저음(低音)의 박윤아 씨이고 또 한 사람이 뒷날 연극배우로 대성한 허스키 윤석화 씨였습니다.

세상에 기존해온 그 어느 관념적 전형에도 해당되지 않는 '부정체성의 신물질 인간'이란 표현은 천성적으로 타고나기를 크리에이터로 점지되어 타고나버린 운명적 인간이란 뜻과 발상을 같이 합니다. 그 어떤 권위 앞에서도 무덤덤, 그 어떤 물질적 유혹 앞에서도 무덤덤, 명예다 뭐다 하는 폼잡기에는 더더욱 시큰둥한 사람이 이강우입니다. '신물질 인간'이라는 표현이 전혀 근거 없는 사이보그를 뜻하는 게 아니라는 얘기입니다.

나는 그와 같은 생업동선(生業動線)에서 30년 이상을 살아왔건만 그가 넥타이 맨 모습을 본 기억이 별로 없습니다. 어느 정도는 좀 잡을만한 위치에 올라선 이후에도 폼 잡는 것을 본 적이 없습니다.

크리에이터 이외에는 그 어떤 타이틀에도 어울리지 않는 사람, 그 사람이 바로 요즘 유행하는 관가 용어로 신지식인 이강우라 할 수 있을 것입니다.

그 중에서도 특히 부러운 것이 하나 있는데 이 사람 이강우는 어느 경우에도 저 싫어하는 일을 억지로 하는 법을 배우지 않고 산다는 점입니다.

억만금을 주어도 싫으면 싫은 것이고, 억만금이 들어도 좋으면 좋은 쪽에 배팅을 합니다. 그것이 못내 부럽습니다. 내가 그를 선배라고 부를 때는 그래서 그런 선망과 존경이 일정량 포함되어 있는 것이라 할 수 있습니다. 그의 관심사는 그것이 돈이냐 폼이냐에 있지 않고 그것이 옳은 길이냐 새로운 길이냐에 늘 있어온 것을 압니다. 그래서 그는 내 선배입니다.

아, 방금 생각난 여담이지만, 그와 나의 개인적인 인간관계에서 딱 한 번 내가 그보다 '어른답고' '형답게' 점잖게 져준 일이 있긴 있습니다.

80년대 초, 충무로 2가 김한용사진연구소 골목 세종빌딩에서 윤석태 이강우의 〈세종문화〉와 이만재의 〈카피파워〉가 각각 세들어 있을 때인데 어느날 아침 일찍 그가 내 사무실에 찾아왔습니다. 한국은행 총재하던 분의 아들이 자기의 죽마고우인데 돌아가신 아버지(총재)의 묘비명을 써달라는 부탁을 받아 난감하다……그러니 문필가인 당신이 대신 좀 도와달라……는 것이었습니다.

엉덩이에 무소뿔을 한껏 치켜세우고 헤드라인 한 줄에 수백 만 원을 받는 콧대 높은 카피라이터가 자기와 직접적으로 관계도 없는 남의 묘지…… 묘비명이나 쓸 사람으로 보였다는 것일까……

그 옛날 동아방송 시절의 추억이 없었다면 일언지하에 거절…… 이 아니라 흠, 살다 보니 이런 일도 있구나…… 그래, 내가 한 번 선배한테 너그럽게 져주기로 하자…… 에 생각이 미쳤습니다. 난생 처음 써보는 묘비명을 열심히 쓴 결과 나중 들은즉 자구 수정 없이 100% 그대로 묘석에 채택되었다고 합니다. 그런데 사실은 묘비명을 부탁해도 차마 거절하지 못하게 하는 묘한 힘! 결코 강골로 분류될 사람이 아닌데도 그에게는 그처럼 사람의 마음을 움직이는 힘이 있다는 사실을 알만한 사람은 다 잘 알 것입니다.

앞에 썼듯이 70년대에는 같이 CM을 제작했고, 80년대에는 충무로 골목 같은 빌딩에서 일했으며, 그리고 90년대 초중반 어느 날에는…… 세상에 이런 질긴 인연도 흔치는 않겠지…… 선우 프로덕션 강한영 사장의 인도 아래 이강우와 이만재가 여주 신라 CC에서 같은 날 함께 머리를 올렸다는 것 아니겠습니까. 이 날의 구호는 "그냥 드라이버에 맞기만 해다오. OB 면 어떠리~"

첫날 시작은 그렇게 함께 했으나 그로부터 10년이 지난 지금의 실력차는 벤츠와 티코의 차이 쯤 되지 않을까 싶습니다. 골프를 시작한 지 2년도 안 되어 50견통이 오는 바람에 강한영 씨로부터 인계받은 캘러웨이 세트 자체를 몽땅 또 다른 친구녀석에게 넘겨버렸으니까요, 못난 나는.

작은 거인 이강우가 서울 거리를 걸어가면 그 광경은 지난 30년간의 우리나라 전파광고 역사가 걸어가는 것이 됩니다. 국내 CM 플래너 제1호라고 스스로에게 자기의 역할을 부여한 이후 자신에게 한 그 약속을 어느 단 한 순간도 소홀히 한 적이 없는 전설의 사람이 이강우이기 때문입니다.

나이를 먹고 먹어도 결코 늙지 않는 영원한 크리에이터 이강우 선배에게 사랑과 존경의 마음을 비록 졸고로나마 술잔 대신 막 바치려는 참인데 마침 서원대 김병희 교수가 이강우를 묘사한 대목 한 구절의 자료가 눈에 띄어 여기에 몇 줄 옮기면서 글을 마칩니다.

카피를 많이 썼지만 그를 카피라이터라고 부르기에는 그가 지닌 그릇이 너무 크다. 수많은 콘티를 직접 그리고 촬영현장을 누볐지만 직접 카메라 앵글을 잡지 않았기에 그를 광고감독이라고 부를 수도 없다.

따라서 그의 존재는 늘 무대 뒤쪽에 숨겨져 있었지만 그는 늘 광고에 대한 사랑 하나로 광고에 자기의 모든 것을 던졌다.

초판 발행 l 2007년 2월 15일
2쇄 발행 l 2007년 10월 22일

지은이 l 이강우
펴낸이 l 심만수
펴낸곳 l (주)살림출판사
출판등록 l 1989년 11월 1일 제9-210호

주소 l 413-756 경기도 파주시 교하읍 문발리 파주출판도시 522-2
전화 l 영업 · 031)955-1350   기획 편집 · 031)955-1369
팩스 l 031)955-1355
이메일 l salleem@chol.com
홈페이지 l http://www.sallimbooks.com

ISBN   978-89-522-0608-4   03320

값 12,000원